深見東州
Fukami Toshu

図解 神界からの神通力ノート

DIVINE POWER
The figure of the spiritual world

たちばな出版

図解 神界からの神通力ノート

深見東州

DIVINE POWER
The figure of the spiritual world

はじめに

霊界ものや神霊関係の書物が氾濫する昨今、真に道を求め、探求したいと思う方々が増えてきている。そして、どの本を読んでも飽きたらない、または、いろいろな疑問に対して、もっと明解に答えてくれる本はないものかと書物や雑誌をあさり、いろいろな霊能者や宗教団体を尋ね歩く人たちも、最近増えつつある。

そこで、霊界や霊障の実際をなるべく詳しく解説し、また、神通力や霊能力の正邪を明確に示して、本来、霊能力や神通力はいかにあるべきかを示唆したのが本ノートである。

もちろん私も霊能者である。しかし、単なる霊能者ではない。おおらかで偏りなく、しかも奥深い「日本神界に基づく神人合一《しんじんごういつ》の道」を歩む者なのである。「日本神界」の立場からいえば、「おおらかな惟神《かんながら》の道」に基づき、神道、仏教、キリスト教、儒教、道教、神智学等、私たちの生活と人生に役立つことは自由自在に説き、かつ実践できるのである。

しかも学者たちのように理論や知識に偏ることなく、また、一般の霊能者のように体験主義と独善に陥ることなく、幅広く道・学・神通力が一体となって研究を進めることができる。『中庸《ちゅうよう》』でいう、「中」に居て観自在なのである。

また、『神界からの神通力ノート』と銘打った本ノートは、なるべく難しいこともわかりやすく説き、実際の神界、霊界、神通力を正しく判断する基準にしていただくことを主眼としている。一種の霊能者破りのノートである。しかし、どの章にも世界初公開の事柄があり、かなり勉強された方や真実を探求したいプロの霊能者の方々にも、興味尽きない内容であると思う。「霊の巨大化理論」「霊の合体化理論」「霊の化身理論」「霊界基本法則」など、霊界と神霊の実態を知る上で、是非知らねばならない基本となる法則を随所に散りばめておいた。

入門書でもあり、紙面の都合上、かなりレベルと内容を限定せざるを得なかったことをお許しいただきたい。このように本ノートは、「日本神界」という立場から書かれたものであり、読者諸氏が、無限なる神徳と霊界実相を正しく理解するための意義ある一助たらんことを望むものである。

深見東州

※『図解　神界からの神通力ノート』について

この『図解　神界からの神通力ノート』は、スーパー開運シリーズの『神界からの神通力』の内容を、図やイラストを豊富に用いながら、コンパクトにわかりやすく構成したものである。

タイトルでもある『神界からの神通力』を得るためのハウツーを、見開き（２ページ）単位で簡潔にまとめた。パラパラとめくるだけでも、神通力を得るためのヒントが頭に入ってくるはずである。

さらに詳しく知りたいという人には、上記シリーズの『神界からの神通力』をお読みになることをおすすめしたい。

図解 神界からの神通力ノート◎目次

第四章 決定版 動物霊論

第五章 詳説 生霊の実体

装丁…cgs　イラスト…須田博行　本文デザイン…関 和英、奥大谷 光公(チックス)

神通力を霊能力、超能力と考える

六大神通力とは

一般に霊能者、霊能力といわれているが、神通力を霊能力あるいは超能力と考えたらいいだろう。

神通力には、①天眼通力《てんがんつうりき》、②天耳《てんに》通力、③自他《じた》通力、④運命《うんめい》通力、⑤宿命《しゅくめい》通力、⑥漏尽《ろじん》通力がある。これらがいわゆる六大神通力といわれるものである。

天眼通力とは、天眼、霊眼で見えること。たとえば、相手が何をしているか、将来のことを神様が霊眼で見せてくれることをいう。

天耳通力は、耳で神の意図がキャッチでき、人の聞こえないものが聞こえるというものだ。たとえば神様の声が聞こえ、神様の言うことがわかり、神霊とお話ができる。

自他通力は、読心術のことであり、相手の思っていることがすぐ読めるという通力。

運命通力は、運命を予知する力で、このころにはこういう運命になるということを当てる能力である。

宿命通力は、その人がどういう天命をもって生まれてきたのか、前世とどういう因縁があって、なぜこういう運命になったのかという前世、今世、来世のことがわかることだ。

そして、漏尽通力とは、人の悩み、苦しみ、さまざまな問題を解決する能力のことをいう。

正神と邪神の見分けが大切

このように、霊能力にもいろいろあるわけだが、まず正（正神界《せいしんかい》）と邪（邪神界《じゃしんかい》）の霊能力を区別して考えなければならない。この二種類を区別しないで摩訶不思議なことをやるからすばらしいと信じたり、あこがれたりすると、知らず知らずのうちに大きな過ちを犯してしまう。

ここが一番大事なところである。霊的なことをする人は、必ず霊的なことで魔が入り、現実的な世界で生きる人は現実的な世界で過ちを犯す。理論でいく人には、理論の魔が入るのである。ひとつの世界に偏すると、そこに魔が入って人を誤らせるものになるのである。したがって、霊能力が正神界から来たものか、邪神界から来たものかを判別することは非常に重要なことだといえる。

この正邪の区別をすることを、審《さに》神《わ》という。審神とは読んで字のごとく、神をつまびらかにするという意味である。その起源は、『古事記』に出ている武内宿禰《たけのうちのすくね》という人が、神功《じんぐう》皇后に神がかりがあり、朝鮮征伐に行けとの神旨があったとき、それを沙庭《さにわ》で正邪の判別をしたという故事に由来している。

審神の方法には二つあって、まず直接、霊感によって審神する方法。それから霊が言ってくる内容を理論、言調、文字の気などで冷静に検討して審神していく方法がある。これらの審神におけるポイントを頭に入れておかないと、ある程度の霊能力が備わってくると魔物に狙われて、正しいご神霊かどうか判別できず、結局、魔物に騙されて、誤った方向に行ってしまうことが多いのである。これは、一人で行う場合に特に間違いを起こしやすい。

神通力＝霊能力、超能力

六大神通力《ろくだいじんつうりき》とは

① **天眼通力《てんがんつうりき》**＝天眼、霊眼で見えること

② **天耳通力《てんにつうりき》**＝耳で神の意図をキャッチ

③ **自他通力《じたつうりき》**＝読心術

④ **運命通力《うんめいつうりき》**＝運命を予知する力

⑤ **宿命通力《しゅくめいつうりき》**＝前世、今世、来世がわかる

⑥ **漏尽通力《ろじんつうりき》**＝人の悩み、苦しみ、さまざまな問題を解決する能力

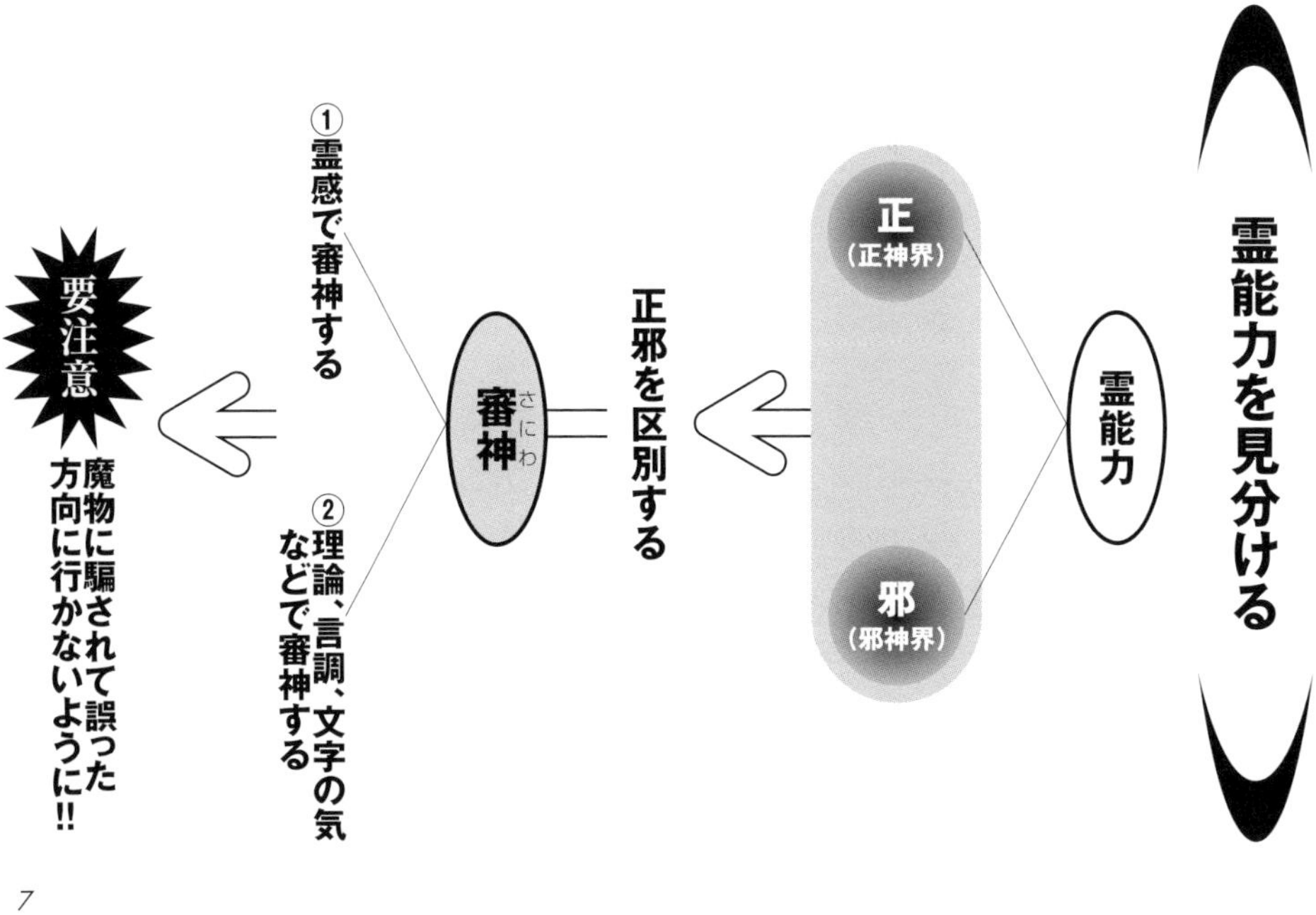
霊能力を見分ける
霊能力
正（正神界）
邪（邪神界）
正邪を区別する
審神《さにわ》
①霊感で審神する
②理論、言調、文字の気などで審神する
要注意
魔物に騙されて誤った方向に行かないように!!

天眼で常時、何かが見えるのはおかしい

どの通力も漏尽通力に帰結せねばならない

それでは、天眼通力というものが、どんなものであるのか解説しよう。ここでも、正と邪の天眼通力を区別しなければならない。

まず、正神界の天眼通力というのは、かすかにイメージの中でわかるというものであり、必要な時、必要なものだけ見えるというものである。常時見えているというものではない。

これに対して邪神界の天眼通力は、常時見えている。毎日霊眼で見える、しかもカラーではっきり見えるというのが特徴だ。

話が前後するが、すべての神通力についていえる大切な点をお話ししたい。それは、どの通力も漏尽通力に帰結しなければ意味がないということである。相手の気持ちがわかり、運命、宿命がわかり、天眼が見え、天耳が聞こえたとしても、その人の幸せにつながらなければ、何の意味もないのである。そう考えると、正神界から来る天眼通力が必要最小限のものだという理由がわかってくる。

また、神様は人間の努力と精進を重んずるので、天眼通力が本人の精進努力に障るときは、お見せにならないのが本当だ。どんなに美しい景色を見ても、絶えず地縛霊の気味悪い顔が見えるとなると、決して幸せな人生であるとはいえないからだ。

邪神界の天眼はキツネが見せている

次に、天眼通力はなにが見せているかということについてお話ししよう。

正神界では、守護神《しゅごしん》などのいろんな神様が見せてくださる。一方、邪神界のほうは、ほとんどキツネが見せているのである。その中でも、千里眼の能力を持った人というのはだいたいが稲荷《いなり》ギツネだ。稲荷ギツネが憑《つ》いている人というのは、千里眼が利く人なのである。

キツネには、野ギツネをはじめ金《きん》毛九尾《もうきゅうび》、金毛八尾、銀毛八尾、銀毛七尾というのがいて、尻尾の数が多いほど化け方が巧みであり、智恵もある。最高は九本だが、この金毛九尾というのは一見、正しい人のように、また、神様のように見せるのを得意とする。キツネはもともと頭の良い動物なので、非常に巧みに神様らしく見せたりする。

もう一つ天眼で多いのはヘビだ。ヘビが憑くと、キツネほどではないがカラーではっきり見える。よく、ボーッと白日夢のように見えたり、夢のお告げで見るというのはこれだ。また、守護神とか守護霊とか先祖だと名乗ってそれらしく夢で見せる。常時、夢のお告げを受けているというのは、ほとんどはヘビが憑いていると考えてよい。

人間性でみると、これみよがしに誇るというのは稲荷ギツネの性質である。第四章の「決定版　動物霊論」で詳しく後述するが、気分がコロコロ変わる、ヒステリー気味で気性が激しい、プライドが高い、平気でウソをつく、というのも稲荷ギツネの性質である。霊視の利く霊能者で、こういう性質の人は、間違いなくキツネ憑きの霊能者であるといえよう。

本当の天眼通力とは

正神界から来る天眼通力は必要最小限のもの

←必要な時、必要なものだけ見える

←常時見えていると日常生活がおろそかになる

←必要なとき、必要な分だけ見せてくださる

←**神様は人間の努力と精進を重んずるため**

天眼通力はなにが見せているのか

正神界《せいしんかい》＝守護神などの高級神霊
（みずから名前を語りたがらない）

邪神界《じゃしんかい》＝稲荷ギツネ
（これみよがしに誇る）

←
①気分がコロコロ変わる
②ヒステリー気味で気性が激しい
③プライドが高い
④平気でウソをつく

ヘビ
など

天耳通力はひそかに聞こえてくる

自分の心の中でひそかにわかるもの

次は天耳通力についてであるが、本当の天耳通力とは、正神界の天耳通力のことをいう。それは、静かに聞こえるとも聞こえないともいえないような感じで、ご神霊の声がかすかに感得されるものなのである。

自分の心の中で、ひそかに、おのずから彷彿としてわかるもので、それが常時聞こえてくるというのはやはり異常である。

人間は肉体という形を持っている。三次元の肉体を持って生まれている。三次元の法則とは、自然界の法則のことだ。自然界の法則を造られたのは神様であり、人間が自然の状態で生活するのが神様の御心である。したがって神様は、あまり不自然なものを好まれない。もちろん、ここぞという時は知らせてくださるが、そうでない場合は、なるべく自然なかたちを尊重されるのである。

天耳通力（正神界）の場合は、かすかに聞こえてパッとわかる、必要最小限のものである。神様はなぜ必要最小限のことしか言われないかといえば、先に述べたように、あまり多くを言いすぎると人間が努力しなくなるからである。人としての進歩・発展は、いろいろな苦労、失敗、経験を通してなされていくものであり、それがなんでもお告げで動く、見えてから行うということになれば、人としての努力をしなくなってしまうからだ。

だから神様は、人の進むべき道の概要をパッとお知らせになるだけで、全部をお教えにならないのである。人に考えさせる、努力させる。こういうのが、正神界のごく自然なあり方なのだ。常時見えている、聞こえているというのは、神様のご意志に反することになるので間違っているというわけだ。

妖言過言に騙されるな

一見、天耳通力のようだが、はっきりした声で生々しく聞こえるというのは、現実に近い次元である。本来、神様はかすかな存在であって、神霊の声とはかすかに聞こえてくるものなのである。金毛九尾ギツネはいかにも神様のごとく思わせて、正神界の神様を装いながらくる場合もあるから、気をつけなければならない。そういうのを「妖言過言《ようげんかごん》に騙される」という。

妖言とは、「これから先、天変地異が起こる」「お前は騙されているんだ」などと、おどかしたりすることである。

過言とは、「一年たったら、あなたは天下を取る」とか「〇月〇日にはこうなる」というように、言い過ぎることである。

予言は天耳通力で聞くわけだが、それが神様の言葉らしく語られたり、かすかに語ってきていかにも神様らしく思えると「ああ、神様の言葉だな」と騙されてしまうのである。次元の低い動物霊は、耳元でボチョボチョ話しかけてくるので、すぐ動物霊だとわかるが、かすかに語りかけてくると神様らしく思えて騙されやすい。

天耳通力はかすかに聞こえてパッとわかる

神様は多くを言い過ぎない
←
必要最小限のものだけを言う
←
多くを言いすぎると人間が努力しなくなってしまうため
←
（人に考えさせる
人に努力させる）
＝
正神界の自然なあり方

妖言過言に騙されるな

妖言《ようげん》＝「天変地異が起きる」「未来はこうなる」と、おどかすこと

過言《かごん》＝「あなたは天下を取る」「○月○日にはこうなる」と言い過ぎること

（①神様らしくかすかに語られる
②声を低くおとして「神のお告げ」と厳粛っぽく言ってくる）
←
✕ 騙されるな!!

生活修業のできている人に高級神霊がかかる

邪神のやり口を見破るために

それでは、どういう形で邪神のやり口を見破ることができるかお話ししよう。それには二つある。

一つは妖言過言の内容を分析して、そこに愛と真心があるかどうかを調べるのである。これみよがしに、ありのままの霊告を伝えてくれても、そこに真心がなければ正神界のものではない。

二つめは、前向きに話してくれるかどうかだ。たとえば、「○月○日に死んでしまう」というお告げを受けたとする。そういうマイナス的なことを言うのは邪神である場合が多い。たとえ、それが真実の神様からのものであろうと、人たるものはそれをそのまま伝えるべきではない。どうぞそうならないように、どうしてもそうなるようだったら、大難を小難に、小難を無難にまつり変えてやってほしい、というように願うのが本当である。

「神がこう言っていました」と、そのまま告げる人は正神を取り次ぐ人としては信じられない。「ケガをする」と出ても、「なんとか健康に注意してください」というように、常に愛と真心でもって、前向きに言わなければ本当ではない。

私たちの日常生活も同じであって、誠心誠意、真心で神にお仕えしていると高級神霊が神がかるのだが、食物に強度の偏りがあるとか、生活態度が変だとか、生きざまが不自然でアンバランスであると、いくら神様をお呼びしても邪気が寄ってくるのである。高級神霊が神がかる人は、信仰が生活に即実践されていて、しかも芸術性を帯びている。また、人としての内面も高貴で美しいという人である。

誠の道一筋で生きることが邪神から身を守る

私たちも、妖言過言のご神示、天耳通力にごまかされないように注意しなければならない。内容面からみても、言葉の格調からみても、言霊の真意からみても、これは正神界の神様からきたものといえるとき、初めてご神示として受け取ることができるのである。

神様らしき言葉が聞こえてきても、それにとらわれないという気持ちが大切である。それは正しい真心によって、只今、只今を真剣に生き尽くす努力が必要なのである。

人の幸福、世の安寧《あんねい》を祈り、神様の大御心《おおみこころ》がますます栄え増さんことを念願しつつ、人の道にかなった謙虚な姿勢で人生を送っていくならば、いくら間違った予言がきても、妖言過言がきても、それに動じないで誠の道一筋に生きていくことができるのである。そういう人には、邪霊も金毛九尾もつけ入ることができない。

正しい誠の真心一点、これが正神界に感応するか邪神界に感応するかの決定的な相違なのである。そういう生き方こそが、正神界の神様と常に共にいて、邪神から身を守る唯一の方法なのである。真心の光は、邪神もこれを犯すことができない。このことをよく肝に銘じておいてほしい。これが正法の一厘であるからだ。

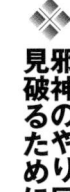

邪神から身を守るために

邪神のやり口を見破る法

①妖言過言を分析し、〝愛と真心〟があるか調べる

真心がなければ正神界のものではない

②〝前向き〟に話しているかチェックする

マイナス的なことを言うのは邪神の場合が多い

高級神霊が神がかる人とは

①信仰が生活に即実践されている人
②生活に芸術性を帯びている人
③内面も高貴で美しい人

人の道にかなった謙虚な姿勢で人生を送る

誠の道一筋に生きていくことができる

邪神から身を守る唯一の方法!!

真心で相手の気持ちを読みとる自他通力

必要なときに相手の気持ちがわかる

自他通力（他心通力）とは、相手の気持ちや境地がわかる能力のことだ。

　わかるといっても、正神界の自他通力はしょっちゅう人の気持ちがわかるというものではない。必要なときにパッとわかって、パッと心が読めるというものである。やたら日常生活で人の気持ちが全部読めたら、うるさくてしょうがない。必要なときに相手の気持ちがわかるというだけで十分なのである。

　ところが、邪神界、魔物の自他通力というのは、しょっちゅう、わかり過ぎるくらいわかるというものである。実は、これはタヌキが憑いてやっているのだ。

　タヌキは、相手の気持ちを読むのがうまい動物だ。たとえば、大阪の商売人などの中に、お腹がデップリしていて、「あなたは今、こういうふうに困っているだろう。わかるよ、アッハッハ！」と言うようなタイプがそれである。

　タヌキの特色は、よく眠る、パクパクよく食べる、ペラペラよく喋る、言っていることが支離滅裂で堂々めぐりが多い、いばりたがる、偏食が多い、などである。これも第四章「動物霊論」で詳しく後述する。一般にその神通力は、近い未来の予知能力や、失せ物の発見能力、腹で見抜く能力などである。だから人の気持ちがよくわかるのである。天眼はキツネほどではない。

澄みきった心の持ち主になる

それに比べて、正神界の自他通力を持つ人は澄みきった目をし、水晶のような気持ちと真心があり、無欲なので、相手の気持ちが全部写るのである。

　こういう、澄みきった心の持ち主になることが、自他通力の基礎なのだ。

　これが、強い人欲から発するとタヌキの自他通力になってしまう。「俺は他心通ができるのだ」と威張る霊能者がいるが驚くことはない。そういう人が死ぬとどういうことになるかといえば、畜生道や、行者霊界、魔界に落ちて人霊ダヌキというものになる。

　キツネの天眼通力を信奉してどこまでも神様だと信じて死んだ人は、人霊ギツネになるのである。そういう人は生前、霊能力という能力に自分の気持ちと魂を売ってしまっているのである。

　能力は得られるけれども、本当の人の道を成就できていないので、死んだら絶対に正常な霊界には行けない。至誠と善徳以外は、いくら霊界に通じ霊能があっても、正道をまっとうしてすばらしき霊界に行けることはならないのである。

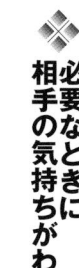

自他通力とは必要なときに相手の心が読める

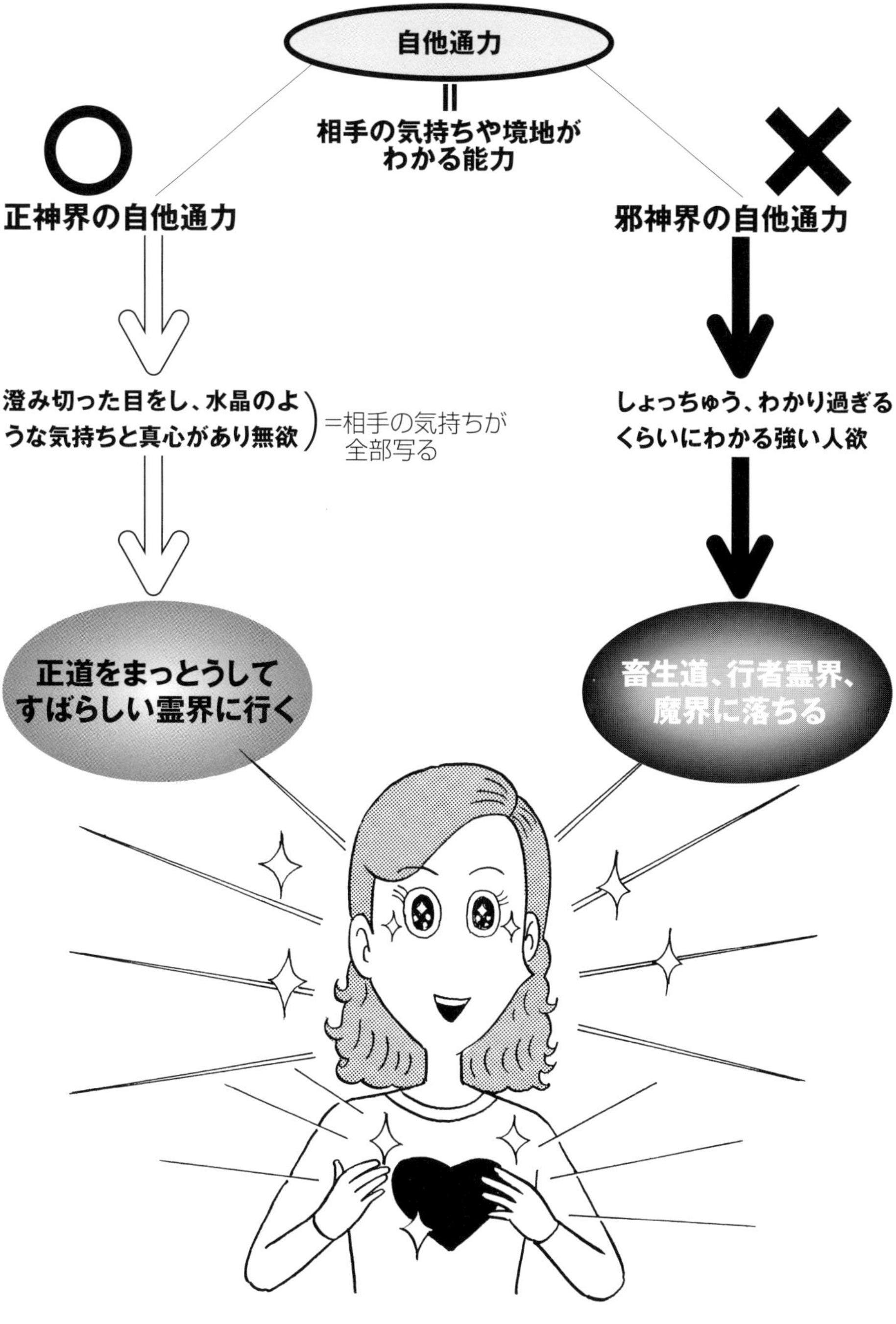

運命通力——こわい情勢判断の誤り

正智に基づく的確な判断力が大切

昔、中国のある王様が、戦《いくさ》の勝ち目について霊能者に尋ねた。その霊能者は「天眼通力でみれば、閣下の兵が敵兵を水際に追いつめている姿が見えます。これは勝ち戦ですから、どんどん兵を進めなさい」と進言した。王様は勇気を得て戦に臨み、予言どおり敵兵を追いつめた。王様は「まさに予言がピッタリ当たった、これは勝利だ」と感心し、喜んだ。

そこで欲張って残兵を一人も逃がすなと命令し、どんどん川べりへ追いつめていったら、しばらくして敵の遊軍が大挙して攻め寄せ、とうとう王様の軍隊は全滅してしまった。

この物語は一体どういうことを意味しているのか。その霊能者は敵兵を追い詰めたということを霊眼で見た。つまり未来予知をしたのだが、それだけでは、勝ち戦になるかどうかという最も大切な勝敗決定の判断にはならない、ということだ(これが運命通力なのだが)。もっと客観情勢を冷静に判断したならわかったはずである。天眼で見たものを、次にどう判断するかが大切だということを教えているのが、この話なのである。

ある程度霊眼で見え、運命が予測できても、それをどのようにアドバイスして、正しい道を教えていくのか。正智に基づく的確な判断力がいかに大切であるかということだ。いくら神通力があっても、最終的には人の道、情勢判断などを総合して、霊能力を冷静にみていく正しい目が必要なのである。

王様の戦の例でも、霊能者としては「勝ち戦に見えますけれど、深追いは禁物」と謙虚に申し上げておけばよかった。太鼓判を押したので、つい調子に乗り過ぎて足もとを掬《すく》われたということだ。

真心が幸せにつながる運命通力

手相・人相・姓名判断・四柱推命など、いろいろ運命を予測する方法はあるが、たとえば予知能力を働かせてこの人はこういう運命だとわかったとしても、悪い運命の方向に行かないように、どうしたら運命が良くなるのかを漏尽通力を働かせ、前向きに生きていける助言をしていくべきだ。災いの道を避けて、幸せの道に行けるような方法を説く努力をなすべきである。

運命が予測できたとき、人によって言ったほうが良い場合と、言わないほうが良い場合とがある。その判断の基準は相手への真心、思いやり以外にはない。そのとおり話してショックを受けるような人なら、「運命はこのように出ている、大したことはないから気にしなくても大丈夫」などと、逆に励ましてあげることが神様の道にかなうものであろう。

運命通力の大切なところは、相手の性格を考えて、その人の運命について話してあげるようにしなければならないことである。人の悩み、苦しみを解決し、幸せにつなげてあげる運命通力でなかったら、魔の世界に入ってしまう。相手の幸せを第一とする考え方、真心の一点が、正神界の運命通力と邪神界の運命通力の分かれ道だからだ。

的確な判断力が必要とされる運命通力

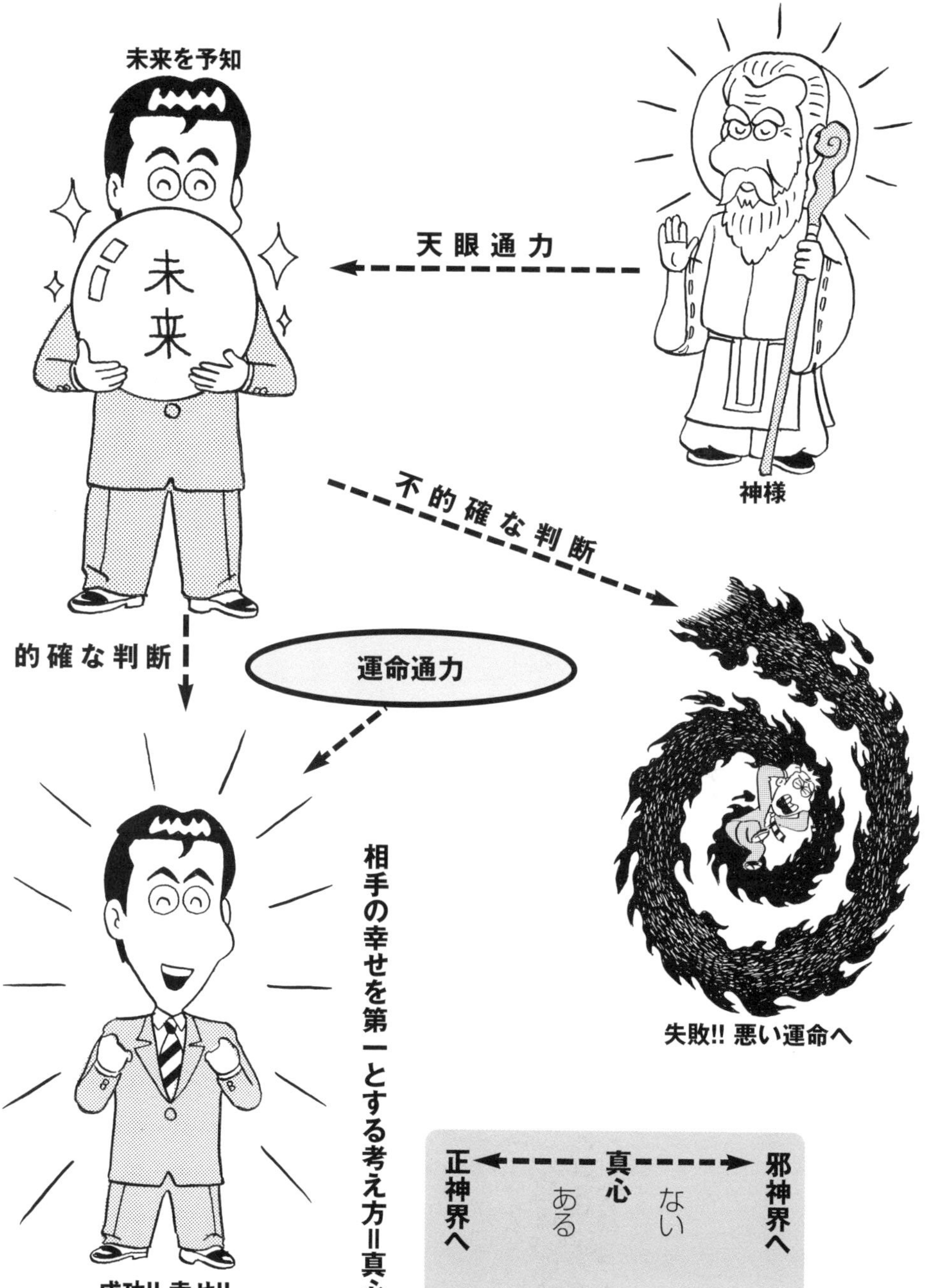

宿命通力——宿命を教えて努力を悟らせる

宿命通力の代表はお釈迦さま

次に、宿命通力である。この通力の代表的なものはお釈迦さまだ。法の道を説きながらも、その人への慈愛の心を持って、来世への希望を持たせてあげるのである。

宿命通力も、あくまで漏尽《ろじん》通力に帰結して初めて意義がある。宿命を知ることで前向きに人生を歩んでいくきっかけにし、そういう宿命ではあっても自分の努力で陰徳《いんとく》（人に知られない善行）を積むことによって、前世の因縁、災いが消され、幸せの方向へと進んでいくことができるということを説かねばならない。

お釈迦さまの本意は、大慈大悲の心で宿命を説くことによって、宿命を知った当人が、ますます生命ある限り進歩向上の方向へと向かって努力するべく、善導することにある。

天の道から見ても、人の将来は絶対に一〇〇%決まっているということはない。たとえ九〇%決まっていたとしても、人間の努力や陰徳を積む布施《ふせ》とか神徳《しんとく》を授かる信仰実践によって、宿命の命式《めいしき》というのは変えることができるのである。

易や占いにしても、ある程度は当たっている。神霊家は神霊万能主義に陥る傾向があるが、考えてみれば、天の法則や星の運行も神の一部である。神霊だけを神とするのは独善であり、心と方法さえよければ易占いもまた善なのである。そして易占いは絶対視することなく、参考にするというくらいの姿勢が大切だ。

このように、運命学・宿命学というものは、絶対者の神の意図を相対的にうかがい知って、進歩向上の糧とすべきものが本来の姿である。

豊臣秀吉は漏尽通力の達人

最後は漏尽通力である。漏尽とは、漏れなく尽くすという意味で、漏尽通力は、人の問題点、苦しみを漏れなく尽くして解決し、幸せに導く能力をいうのである。

宿命通力・運命通力では、「こういう星の下に生まれているのは、前世にこういうことがあったから」と、苦しんでいる人に対して、それぞれの通力である程度の状態はわかる。

しかし漏尽通力の場合は、それだけではなく、具体的にそれらの苦しみを解決することができる。勇気を持って乗り越える。あるいは慰めや叡智《えいち》をもって乗り越えるべく、具体的な救済力を発揮して苦しみと煩悩《ぼんのう》を解決することができるのである。

若い時に辛酸《しんさん》をなめ、人の道で艱《かん》難辛苦《なんしんく》を通過してきた人は、同じ苦しみのある人の気持ちを誰よりもよく理解することができる。

豊臣秀吉も、若い時に苦労を重ねて人情の機微がよくわかるようになった。それで戦をするときも征服した人の気持ち、敗軍の将の気持ちを汲《く》むことができたので諜報説得活動が成功し、相手を戦う前に屈服させることができたといわれている。

つまり、戦わずして勝つという戦の神髄を行うことができたのである。そのため無益な殺生はなるべくしなかったという。これが秀吉の素晴しかったところだ。秀吉のそうした面に関していえば、漏尽通力の達人だったともいえる。

神様の御心は「人を幸せにする」こと

宿命通力とは――

宿命を知る

前向きに人生を歩む

陰徳《いんとく》を積む

前世の因縁、災いを消す

幸せへと進むことを説く

生命のある限り努力することを善導すること

漏尽通力とは――

人の問題点、苦しみを漏れなく尽くし解決

幸せに導く能力

若い時、苦労を重ねて人情の機微がよくわかる

勝軍、敗軍の気持ちを理解

諜報説得活動成功

戦わずして勝つことを可能に

豊臣秀吉
漏尽通力の達人

無益な殺生を
可能な限り
少なくした武将

苦しみ続く家系の背後に群れなす大蛇の憑依霊

憑依霊を悟らせ、浄化し霊界へ送る

かつて除霊をしてさしあげた女性が、別の女性を連れてきた。見たところ三十歳を少し出たところであろうか。顔つき、声は普通の人と変わらない。だが私はひと目見るなり、その女性が大変な因縁を背負っていると直感した。案の定、彼女は小さいころから足が少し不自由で、立ったり座ったりに大変難儀しているとのこと。すでに霊障《れいしょう》にやられていたのだ。そして、これは除霊が終わったあと聞かされた話だが、なんでも彼女の家系には血友病が遺伝しているのだとか。いよいよもって、大変な悪因縁霊が憑《つ》いているようだ。

早速、除霊を開始した。私の除霊は、愛念とご神霊《しんれい》とが宿った和歌や長歌を数首、数十首と連続して詠《うた》うことにより、憑依霊《ひょういれい》を悟らせ、浄化し、ご神霊に許しをいただき、本来居るべき霊界へと送るものだが、このときは、数首も詠わないうちに霊が姿を現した。

大蛇である。五メートルはあろうかと思われる大蛇である。それも一匹ではなく、十匹ほどの大蛇がからみ合っているのである。天眼通力《てんがんつうりき》(霊眼で見抜く力)で見ると、果たせるかな人霊であった。それも、うら若き乙女たちばかりである。あまりにも長い間、激しく怨み続けていたために、姿がヘビとなってしまっていたのだ。髪は茫茫《ぼうぼう》、皮膚は傷だらけ、着ているものはボロボロで、まさしく幽鬼そのものである。数えてみると全部で十一人であった。

鬼気迫る犯され殺された娘の怨念

「いったいどうしたのですか」

一人が涙ながらに語り始めた。

「私たちは全員、ここに座っている女の先祖である男に犯され、そして殺されたのです。娘盛りの一番楽しいときに犯されたのです。だから、その男の家系を代々怨み通し、子々孫々苦しめているのです」

私はさっそく、天眼通力でその現場を覗《のぞ》いてみた。ときは江戸末期。一人の男が若い娘ばかり犯しては殺し、犯しては殺している姿が見える。その男の顔は邪鬼《じゃき》と化し、その行いは人間とは思えない。男は思いを遂げたあと、息絶えるまで娘の首を締めあげる。娘たちの断末魔の叫び声が聞こえる。鬼気迫るとはまさにこのことで、まことに正視に耐えない。

「人間の肉体に憑くことが許されているのは守護神と守護霊だけです。今すぐ離れなさい。第一、そんなに怨んでいては、あなた方自身を苦しめるだけです。もう許してあげなさい。そうして、本来居るべき霊界へ帰りなさい」

「ダメだ! どんなことがあろうと、これぱかりは絶対許すわけにはいかないのだ!」

説得しようとした刹那《せつな》、娘たちは声を荒げ、激しく拒絶した。無理もない。犯され、しかも殺されたのである。「もう許してあげなさい」と諭されて「はい、わかりました」と言うくらいなら、こんなにも長い間激しく怨み続けることはないだろう。

私の除霊（救霊）とは――

除霊（救霊）の方法

愛念とご神霊《しんれい》の宿った和歌や長歌を歌《うた》う

↓

憑依霊《ひょういれい》を悟らせ、浄化

↓

ご神霊に許しをいただく

↓

本来居るべき霊界へ送る

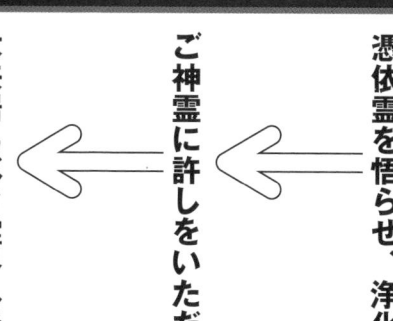

ご神霊と愛念の前に〝怨み〟が解けた

言葉に愛と真心を尽くして説得

霊の怨みを解く方法は、現世での怨みを解く方法と何ら異なるところはない。言霊《ことたま》すなわち言葉で説得すると同時に、愛と真心で尽くさねばならないのだ。

私は十一人の娘たち一人ひとりに、真心を込めて語った。

「あなたの悲しみ、嘆き、そして怨む気持ちは痛いほどよくわかる。しかし、あなたが若くして非業《ひごう》の死を遂げたのは理由があるのです。あなたは前世で人を殺しているのです。その悪業を清算するために生まれ変わり、そのとおりの道を歩んだ。あなたは殺されることによって、前世での罪を清算したわけなのです」

これでも霊は納得しない。相変わらず恐ろしい形相で立ちすくんでいる。大蛇に姿を変えていたぐらいだから、その執念は凄《すさ》まじい。聞かせて納得しなければ見せるしかない。私は宿命通力《しゅくめいつうりき》でその娘の前世を映し出し、ビデオフィルムでも見るように、殺人の現場を見せた。

ようやく霊は悟ったようだ。私はすぐに全身の傷を癒《いや》し、きれいな霊服に着替えさせ、温かい食事を与えた。するとどうであろう。先程まで恐ろしい形相《ぎょうそう》をしていた娘が、実に美しい顔になっているではないか。

どんなに強烈な怨みであろうと、ご神霊と愛念の前には朝霧のようなものでしかない。昇る朝陽に朝霧が自然に消えていくように、何十年、何百年と積もり積もった怨みも、ご神霊と愛念の光を当てれば、すぐに消えてしまうのである。

このようにして、十一人の娘たち一人ひとりを悟らせ怨みを解いていくのである。一人残らず悟り、浄化したとき、私は神様に許しをとりなし、天界より十一艘の舟を呼び、これに乗せて本来居るべき霊界へと送る。これで除霊は終わりである。

地獄で呻吟する先祖も救済

だが、大切なことが残っている。娘たちを苦しめた男、すなわち私の目の前にいる女性の先祖を地獄から救ってあげなくてはならない。そこまでしなければ、この女性が本当に解放されたことにはならないのだ。

再び、天眼通力で罪が犯された時代をのぞいてみた。娘たちを次々と殺した男はその後、官吏の手によって捕らえられ、獄につながれていた。彼の右足は傷でもあったのだろうか、次第に腐りはじめ、刑場に送られる頃にはすっかり骨が露出していた。

今度は霊界をのぞいてみた。男は永遠に光の当たらない真っ暗な地獄の底で呻吟《しんぎん》していた。これをどうにか救わなくてはならない。

しかし、これは生半《なまなか》のことではない。なにしろ犯している罪が罪である。それに、もう百五十年近くも地獄にいるのだ。霊層（第六章参照）を数十ランクアップするのが精一杯。あとは霊界において本人が自覚し、精進し、そして子孫たちが美徳を積むことによって、少しずつ霊層を上げていくしかない。

とまれ、私は地獄から救いあげ、中有霊界まで引き上げたのであった。

強烈な怨みもご神霊と愛念の光で消すことができる

霊の怨みを解く方法

言霊《ことたま》（言葉）で説得

＋

愛と真心で尽くす

それでも納得しなければ……

↓

宿命通力《しゅくめいつうりき》で前世を映し出す

↓

霊は観念し悟る

全身の傷をいやし、温かい食事も与える

↓

怨みが朝霧のように消える

↓

神様に許可をいただき、本来居るべき霊界へ送る

除霊後、女性に奇跡が起こった！

女性に起きた奇跡とは

除霊は終わった。時計を見ると午前一時半。なんと四時間半もかかったのである。十一体の霊を、一体ずつ前世を見せながら除霊したために、こんなにも時間がかかってしまったのだが、普通はだいたい三十分前後、長くても一時間。特殊なもの以外は全部同時に除霊し、本来居るべき霊界へ送ってさしあげる。

除霊が終わると、なんともいえぬ充足感が私を包む。当人も心身ともにスッキリするらしく、除霊前とは別人のように顔が光り輝いている。四時間半もの間、椅子に腰掛けていた彼女は少し疲れたようだ。しかし、瞳は喜びで満ち、その顔には除霊の前の影が見られない。実に美しい顔をしている。

「本当にありがとうございました」

彼女は何度も何度もお礼を述べて、椅子から立ち上がろうとした。と、彼女を連れてきた女性が突然、素っ頓狂な声をあげた。

「あら、一人で立ち上がれるじゃないの！」

「あら本当だわ。いったいどうしたんでしょう。今まで立ったり座ったりがとても大変でしたのに、信じられない。奇跡だわ！」

連れの女性はもちろん、当の本人までキツネにつままれたような顔をしている。だが、不思議でもなんでもないことなのだ。病気の根本原因はすでに取り去ったのである。だから、これは奇跡でもなんでもない。至極当たり前のことなのである。

除霊で想念をプラスに転換

しかし、私は病気平癒のために除霊をするのではない。否、病気平癒の目的だけに除霊するのではない。その人の運勢や家運、性格をも良くし、究極的にその人が真に幸せになるための除霊をするのである。だから、本人の肉体には直接影響を与えなくても、運勢や性格に微妙な影響を与えている霊があれば、それまでも全部呼んできて、きれいに取るのである。否、救済するのである。

世の中には、せっかくすばらしい才能を天から授かっていながら、マイナス的想念が災いして、持てる才能を真に開花させることなく生涯を終えてしまう人が実に多いのだ。それでは人生が空しいばかりか、社会、国家にとっても大きな損失といわざるをえない。だからこそ私は、少し時間をかけてでも、運勢や家運、性格面にかすかな影を落としている霊まで全部取って、きれいにしてさし上げるようにしているのである。

ここまできれいに除霊すると、霊障によって閉ざされていたプラス的想念が自然に湧き出るようになる。明るく前向きで、より建設的な発想が自然に湧き出てくるのである。

そうなると、守護神、守護霊がストレートに働けるようになる。それはちょうど、陽光を遮《さえぎ》っていた黒雲が風に吹き払われて、太陽が燦燦《さんさん》と輝くのに似ている。遮断《しゃだん》している霊障を除去したのだから、いつ、どこでも守護神、守護霊に大きく働いていただけるのである。

除霊（救霊）後、〝奇跡〟が起きた

除霊（救霊）が終わると……

憑依霊を本来居るべき霊界へ送る

↓

心身ともにスッキリ

↓

除霊前とは別人のように顔が光り輝く

↓

一人で立ち上がれるようになる

↓

奇跡!!

私の除霊（救霊）の目的は……

運勢や家運、性格に影響を与えている霊をも呼び、救済する

↓

プラス的想念が自然に湧き出るようになる

↓

守護神、守護霊がストレートに働けるようになる

↓

究極的に人が真に幸せになるため

効用の大きい言霊除霊

憑依霊を心から納得させる

ところで、私はときどき、こんな質問を受けることがある。

「先生はどうして、ほかの霊能者のように光エネルギーやパワーで除霊しないで、和歌や長歌を詠って除霊するのですか」

もっともな質問である。世に霊力や光エネルギーで除霊する人は多いが、和歌や長歌を詠う言霊除霊を行っているのは、おそらく私一人ではなかろうか。

なぜ言霊除霊をするのか。それは憑依霊を心から納得させて、本来居るべき霊界へ救ったあとも永続的に、いや、来世生まれ変わってきても幸せで、有意義な人生を送ってもらうためである。パワーで除霊しようと思えばできないことはない。しかしそれでは、本当の意味での憑依霊の救いにはならない。憑依霊といえども決して追い払うのではなく、未来永劫までも救ってあげなくてはならないのだ。

だから私は、ご神霊と一体になった和歌、長歌のなかに憑依霊の宿命や霊界の法則を詠い込み、霊を真実悔悟させるわけである。こうして初めて、霊自身の想念が転換でき、その結果霊層が上昇し、すばらしい霊界へ帰っていくことができる。だから、私の除霊は〝救済除霊《きゅうさいじょれい》〟といったほうが正確ではないかと思う。

言霊除霊の効用はそれだけではない。除霊を受けている本人も想念を転換できるのである。ご神魂のこもった和歌、長歌を聞くことにより、霊界の法則や人生の本義を悟ると同時に、本人の御魂《みたま》を覚醒《かくせい》することができるのである。除霊の結果、性格が明るくなり、人生に対して前向きに取り組めるようになって初めて、本当に除霊を受けたといえるのではないだろうか。

想念が変わり前向きになる

言霊除霊の効用はもうひとつある。それは、本人ばかりでなく、家庭全体の運勢が向上することである。というのは、言霊除霊を行っている最中は、ご先祖の霊も大勢一緒に聞いて納得し、浄化されるため、これら大勢の先祖霊の霊層が向上して、前にも増して子孫への守護が強化されるようになるからである。

最後に除霊に関していえば、除霊自体も大切であるが、むしろ除霊をしたあとの本人の姿勢のほうが大切であるといえよう。それが除霊効果を倍化させるのに不可欠な要素なのである。

いかに想念を明るく前向きにするか。また、正神界の守護神、守護霊の力と守護を受けるべく誠を尽くして才能を開花させるか。それはひとえに本人の自覚と精進、努力にかかってくる。しかし、マイナス方向に引っ張る大きな原因はすでに取り去ってあるので、精進と努力が実を結ぶ度合いは大きいはずである。

私は多くの人が想念を転換して、正しい守護神、守護霊の加護を受け、天が与え給うたそれぞれの才能と使命をまっとうされるよう願ってやまない次第である。

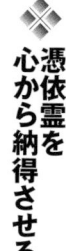

なぜ言霊除霊をするのか――

✕ パワー除霊

霊力や光エネルギーを用いる

↓

憑依霊をパワーで追い払う

↓

本当の意味での救いにならない

○ 言霊除霊

ご神霊と一体になった
和歌や長歌を詠う

↓ ・宿命、霊界法則を詠い込む

憑依霊を心から納得させる

↓ ・霊自身の想念転換、霊層上昇

本来居るべき霊界へ救う

↓

来世でも幸せな人生を送ってもらう

↓

救《きゅう》済《さい》除《じょ》霊《れい》

☆除霊後の姿勢の
ほうがもっと大切

言霊除霊の効用

①除霊を受けている本人も
想念転換できる
②ご神魂のこもった歌を聞くことで
霊界の法則や人生の本義を悟る
③本人の御魂《みたま》が覚醒《かくせい》する
④家庭全体の運勢が向上

宿命、因縁を呪うなかれ

一度除霊したら再び憑くことはない

さて、話を先の女性の件に戻そう。その後しばらくして、彼女から連絡をいただいた。

「先日は本当にありがとうございました。おかげで心身ともにすっかり元気になり、明るく生きております。

ところで、あのとき先生にお話ししなかったんですが、実は前から気になっていることが一つあるんです。それは、亡くなった父のことなんですが、亡くなるとき、右足が腐って骨が露出していたんです。それを見たとき、私は思わずゾーッとしてしまいました。というのは、父の兄弟たちが亡くなったときも、やはり右足が腐って骨が露出していたのです。これも何かあるのでしょうか」

「そうですか。でも、もう何も気にすることはありません。除霊ですっかりきれいにしたのですから。それより、これからは少しでも世のため人のために生きるよう精進、努力し、天に徳を積むようにしてください」

と私は答えてさしあげた。

一度除霊したら、もう何も気にすることはないのである。憑依していた霊を気合いや念力で追い払ったのではなく、心から納得させて、神様のお許しをいただいて永遠に幸福な霊界へと送ったのである。だから、戻ってきて再び憑くというようなことはない。決してない。

それにしても、お父さんや親戚の方々が亡くなるとき、そろって右足が腐って骨が露出していたとは驚くべきことだ。ご先祖の悪因縁がそのままストレートに現れていたのである。因果応報《いんがおうほう》という言葉があるが、霊界の法則の緻密さと正確さを、改めて教えられた思いがした。

因縁に対して前向きに立ち向かう

家にそれぞれの因縁があるように、個人にもそれぞれの因縁がある。前世で人に喜ばれるよう善を行っていれば、積善《せきぜん》の家に生まれ、前世で人を苦しめるような不善を成していれば、それだけ因縁の重い家に生まれる。これを相応《そうおう》の理という。つまり、自分の御魂のレベルに合ったところに生まれ変わるということである。

自分の宿命や家の因縁を悲しんだり呪ったりすることはないのである。因縁に対して消極的になるのでなく、明るく積極的、前向きに立ち向かって、乗り越えていかなければならない。因縁が深ければ、徳を一つ一つ積み重ねていく姿勢が望まれる。反対に因縁が軽い家に生まれたからといって、精進、努力しなければ、いつしか徳を食いつぶし、来世またやりなおさなければならなくなる。

人生とは、前世の業《ごう》を刈り取る場であると同時に、来世へ向かって徳を積む場でもあるわけだ。真理を探究し、世のため人のためになるように善徳を積み重ね、御魂を向上させる。これが人生の目的であり、本義である。だから、除霊といってもただ奇跡を待ち望むようではあまり意味がない。除霊をきっかけに、人生の本義を悟り、みずからを高めて世のために役立つような人間になっていく。これが私の願いである。

自分の御魂のレベルに合ったところに生まれる

先祖が罪を犯す

先祖が善徳を積む

前世で善徳を積む

前世で不善を成す

生まれる　　生まれる

積不善の家には必ず余殃《よおう》あり

積善の家には必ず余慶《よけい》あり

人生とは

前世の業《ごう》を刈り取る場
&
来世へ向かって徳を積む場

↓

人生の本義
- 真理を探究
- 善徳を積み重ねる
- 御魂を向上させる

除霊における私の願い

奇跡を待ち望むのでは意味がない

←

◎人生の本義を悟ること

◎みずからを高めること

◎世のために役立つ人間になること

家代々を呪う霊はほとんどの人に憑いている

怨念霊の執着心は想像を絶する

閑話休題。子々孫々、家を怨み抜く霊は多い。殺されたり騙《だま》されたり捨てられたり、あるいは自殺に追い込まれたり……。よく映画や芝居で、

「今に見ておれ、末代まで呪ってやる！」

　と絶叫しながら死んでいく場面があるが、これなど怨念霊の好例だ。

　この家代々を呪う霊は、ほとんどの人に憑いている。そして、憑いている霊も一体だけということはなく、たいてい三体から五体。多い人となると十体、二十体、なかには数百体という人もいる。こうなると霊障が現れる。目が悪い、心臓が悪いなど、なんらかのかたちで肉体がやられるのだ。もちろん運勢も悪く、一生うだつが上がらない人生を送る人もいる。

　怨念霊を天眼通力で見ると、人の背後に恐ろしい形相で立ち、

「ちくしょう！　この野郎、絶対に殺してやる！」

　と凄まじいばかりの念を送り続けているのが見える。その怨念と執着心たるや、想像を絶するものである。

武士の怨念霊は強烈だが納得は早い

　先日もこんなことがあった。ある人を除霊していると、一人の武士が現れたのである。ざんばら髪にボロボロの着物。刀で斬られたのか、左肩から右脇腹にかけて大きな切り口がパックリと口を開けている。体全体に生気は感じられないのに、眼光だけは妖《あや》しく光り輝いている。まさに亡霊そのものといった感じである。

　私はいつものように言霊で除霊を始めようとした。すると、その武士は私の言葉を遮《さえぎ》るように語り始めた。

「拙者はこの者の先祖に騙し討ちされた者じゃ。その敵《かたき》を討つため三百年間も機会を待っていたのじゃ。だから頼む、ここは黙って見逃してくれ。どうか敵を討たせてくれ！」

　私が説得しようとすると、武士は

「邪魔だてするなら、斬る！」

　と一喝《いっかつ》したかと思うと、腰に差した大刀を抜き、刃《やいば》をこちらに向けた。だが、なんとしてもやめさせなければならない。そこで私は、敵を討とうとする心がいかに小さく愚かであるか、そして霊界の掟に反するかを諄諄《じゅんじゅん》と説いた。そうしている間にも、武士は何度か私に斬りかかろうとしてきた。まさに命がけの除霊である。

が、私の至誠と言葉が理解できたのであろう。武士は突然、床に正座したかと思うと、

「わかりました。拙者が間違っておりました」

　と両手をついて頭を垂れた。すると、先程までの怨念に満ちた形相は消え去り、武士の顔は見る見るうちに明るくなった。みずからを反省し、天に詫《わ》びる気持ちに光が差し、冷え切っていた心が温かくなったのである。そして、心が温かく軽くなった分だけ霊層が向上したのである。

　一般に、武士の怨念霊は根性が入っているのでそれだけ強烈だが、納得は早い。というのも、彼らは生前、潔さを旨とする武士道を骨の髄までたたき込まれているからである。

ほとんどの人に怨念霊は憑いている

執念深いのは恋に破れた女性の憑依霊

女性の怨念霊は強烈

武士のようにものわかりのよい霊ばかりならいいのだが、一般に怨念霊の執念は深い。特に、先祖に捨てられて呪いながら自殺した女性の怨念霊や、女郎屋《じょろうや》に売られた女性の怨念霊は強烈で、その執念のあまり、先にお話しした十一人の娘の霊のように、ヘビの姿になっているものが多い。

かつて、四十歳近い女性が相談にきた。彼女は縁遠く、結婚できなくて悩んでいた。容姿も特別悪いというわけではなく、どうして縁談に恵まれないのか不思議なくらいだったが、天眼通力で見ると、大きなヘビが一匹、その女性の腰に巻きつき、カマ首を持ち上げてこちらを睨《にら》んでいた。ヘビは一人の女性の霊の化身であった。

「私は、この人の先祖に散々もてあそばれた末に捨てられ、自殺したんだ。だから、その男の子孫は皆、不幸にしてやらなければ気がおさまらないんだ」

まあ、これくらいなら珍しいことではないので、たいして驚きはしない。ところが、

「今から一年後に子宮癌を発病させ、半年間じっくり苦しめてから殺すつもりだ」

という。すでに殺人スケジュールまで組んでいるというのである。恐ろしいばかりだ。

さっそく除霊にとりかかったが、こういう霊に限ってなかなか納得しようとしない。宿命通力で前世を見せ、ご神霊の力と愛念とをもって真心から慰めて、初めて納得、改心することが多い。愛情が転じて憎悪になった場合の怨みと執念は、普通の怨みよりはるかに深くしつこいようである。それだけに、異性問題にはくれぐれも注意したいものである。

怨念霊による弊害は、かく現れる

家代々を呪う怨念霊に取り憑かれるとどのような弊害がもたらされるか、これについて簡単に説明しておこう。

怨みの度合いにもよるが、霊はまず、その人の幸福、健康、楽しみ、愛するものを奪おうとする。そのために、四六時中絶えずスキあらばとチャンスをうかがっているのである。

「なぜかよくわからないけど、家族に事故が絶えない」「どういうわけか病人が続出する」「縁談に恵まれない」などという場合は、怨念霊のしわざである可能性が高い。

また、胸部、腎臓、生殖器などをやられている人は、色情つまり女性の怨念霊がからんだものに取り憑かれていることが多い。その他の部位は憑依霊によって異なるので、一概にはなんともいえない。

ともかく、怨念霊は、

「悲しめ悲しめ、もっと悲しめ。苦しめ苦しめ、もっと苦しめ。俺の苦しみを思う存分味わうがいい」

と絶えず念を送り続けているのである。どうもわが家は因縁が深いようだと思われるなら、一度、信頼のおける霊能者に相談して除霊を受けたらよいと思う。必ずや想像できないほど運勢が向上するはずである。

怨念霊の執念は深くてすさまじい!!

この人の先祖に
さんざんもてあそばれた
結婚なんて
絶対にさせない
この人の人生を、
目茶苦茶にしてやる
子孫は皆、
不幸にしてやる

愛情が転じて憎悪になった怨みと執念

||

深くてしつこい

⇩

・殺人スケジュールまで組んでいる場合がある

異性問題には注意!!

苦しみを味わえ
もっと苦しめ
もっと悲しめ
怨念霊

怨念霊の弊害

- 家族の事故が絶えない
- 病人が続出する
- 縁談に恵まれない など

・絶えず悪念を送り続け、四六時中スキあらばチャンスをうかがっている

除霊体験者は語る

心臓病の父に起こった奇跡

小林健二（会社員）

父の心臓の病気がわが家を代々怨んでいる霊のせいであって、その心臓病が深見東州先生の除霊で良くなった、などと言っても誰も信じてくれないと思います。でも、本当なのです。この信じられないような私の体験を皆様にお知らせしたいと思い、筆をとった次第です。

　私の体験のそもそものきっかけは、仕事のことで深見先生に呼ばれたことに始まります。今年の一月七日のことでした。私は名刺を差し出しました。しばらく名刺を見つめていたかと思うと、先生は突然、

「小林さんの家は、ここ三代で急激に没落しましたね。以前は大地主でしたね」

　と立て続けにおっしゃるのでした。私は驚きました。すべてそのとおりだったのです。いったいどういうことなのだ、何故、名前を見るだけでわかるのだ。まったく不思議というほかありません。驚天動地といってはいささか大袈裟ですが、それくらいビックリしてしまいました。でもこれは序の口、さらに驚くべきことが先生の口から出てきたのです。

「お父さんかおじいさんで、胸の病気で亡くなった人はいませんか」

　それがいるのです。実は亡くなったわけではありませんが、父が先天性心房中隔欠損症、つまり心臓に穴があいている病気で、当時容態がかなり悪化し、その翌日、手術できるかどうか大学病院で検査することになっていたのです。

「なるほど、それで出ていたのですね」

　いったい何が出ているのだ？　どうして名刺を見ただけでそんなことまでわかるのだ？　頭の中が混乱し、整理しかねていると、突然、

「じゃあ、除霊しましょう」

　と、おっしゃいました。え、除霊？　なんだそれは。なんとなく気持ちが悪いなあ。

「いや、結構です」

　再三お断りしたが抗し切れず、ついに生まれて初めて除霊というものを受ける羽目になりました。私は椅子に座り、合掌し、目を閉じました。まことに美しい日本語で和歌を連続して詠う先生の声が聞こえます。しかし、何を詠っているのか、意味がよくわからない。でも、そのうちところどころ聞き取れるようになりました。

「鎌倉時代の旅の僧、乞食となりて諸国を巡り、仏の道を説きたれど、これを御仏のため、あれも御仏のためといっては、金品を盗むこと十数回……」

　ああ、わが小林家の先祖はドロボーだったのか。

「村上水軍……武士《もののふ》の基《もとい》を立てたれど、これも義のため、あれも義のためと、諸国を荒らすこと十数回……」

　今度は海賊。なんということだ、もう少し立派な先祖はいないのか。次第に私は落ち込んでいきました。と、いつしか自分の体が先生の歌に合わせて揺れているではありませんか。自分が合わせているのではない、自分以外の意志が揺らせている、そんな感じです。不思議だ。今度は涙が出てきた。なんとなくうれしいような感情が胸いっぱいに広がってきた。これはいったいどうしたことか、なんなんだと思っているうち、

「許す！　許す！　許す！」

　という大きな念じるような先生の声が聞こえ、除霊は終わりました。

「先生、私の家の先祖はドロボーや海賊だったのですか」

「いや、あれは小林さんの先祖ではありませんよ。小林家を代々怨んできた三人の女性がいたんですが、その人たちの前世ですよ。前世の悪業を教えて、自分の不運、不幸を悟らせたのです。ところで、三人の女性はあまりに深く、そしてあまりにも長い間怨んでいたためにヘビになっていましたよ」

「え、ヘビに？」

「そうですよ。一人は小林家の先祖に捨てられた女性、いうなれば婚約不履行ですね。一人は手ごめにされています。もう一人は小林家の下女として働いていた人ですが、相当いじめられ、それを根深く怨んでいたようですね。それがヘビとなって、お父さんの胸にとり憑いていたんですよ」

　いやはや恐ろしい話である。さて、その翌日、父を伴って県内の某大学病院へ行く日の朝、父はおかしなことを口走りました。

「なんだかわからないが、胸が軽くなったような気がするよ」

　いくらなんでも、きのうの今日である。除霊したからといって、そんなバカな……。正直なところ、こんな気持ちでした。ところが、それから奇跡としかいいようのないことが、どんどん起きたのです。

病院でカテーテルという大腿から心臓まで血管内に管を通す検査を受けた結果、

「小林さん、大丈夫ですよ。まだ手術できますよ」

　との判定をいただきました。私はホッとしました。というのも、手術をしなければ余命いくばくもなし、とのご託宣を受けていたからです。

　ところがその後、病院から手術の連絡が

なかなかこない。二カ月、三カ月過ぎても音沙汰なし。病室が満杯なんだろうと思っている頃、やっと入院せよとの通知がありました。

いよいよ手術の前日、私は担当医に呼ばれ、彼の部屋に行きました。すると彼は実にショックなことを語り始めたのです。

「実は、前の担当医がケガをして、急きょ私が担当することになりました。ところで、前の担当医は小林さんには手術できると言っていたようですが、私たちには無理だ、手術に耐えられないと言っていたのです。が、私の見たところ、まだ大丈夫。ぎりぎりですが大丈夫だと思いました。そこで急きょ手術することになったのです。ただし、なにぶんにも年齢が年齢ですので、普通の人より危険性は高い。特に手術後は大変です。回復も遅いと思います。最善を尽くしますが、その点覚悟しておいてください」

そうだったのか。だから手術が遅れたのか。私はたまらなく不安になりました。

六時間という大手術ののち、父は病室に帰ってきました。もちろん眠ったまま。それから丸一昼夜眠っておりましたが、目が覚めてから一時間後には食事をとったそうです。

「こんな回復の早い患者さんは、病院始まって以来じゃないかしら」

看護婦さんは驚いていました。私はそれ以上にビックリです。回復が遅いという話はいったいどういうことだったのだろうか。

それから二週間足らずで退院できました。普通、手術後は熱が出てなかなか退院できないものなのだそうですが、父は微熱すら出ませんでした。これには担当医も本当に驚いたらしく、

「まったく考えられない。この歳《とし》で、こんなに回復が早い患者さんは、これまで例がありません」

と、おっしゃっていました。考えてみれば、父の手術は奇跡ばかりのように思えます。もし最初の担当医がケガをしなければ、手術すらできず、ただいたずらに死を待つだけだったはず。

それもこれもすべて、深見先生による除霊のおかげだろうと思っています。霊界のことについてはあまりよくわかりませんけれど、おそらく目に見えない世界の法則は厳然として存在しているのだろうと思います。

これまでは、神仏に手を合わせる心を持たずに生きてきましたが、これからはそうした自己を超越した存在に頭を垂れるよう、少しでも努力していきたいと思います。

除霊の奇跡の体験と感動を伝えたいがために、長く、しかもへたな文章になってしまいました。少しでも皆様の参考になりましたら幸いに思います。

先生の和歌が聞こえてくる
わが家の先祖はドロボーだったのか
もう少し立派な先祖はいないのか

除霊終了
父が手術
みるみる回復
元気な父に

いま何故、水子供養か

水子の霊は恐ろしい存在ではない

〝中絶天国〟といわれる日本。なんとも悲しい話だが、そんな世相を反映してか、水子供養が静かなブームを呼んでいるとか。水子霊のたたりを強調する霊能者が多くなっているからだろう。まったく困った現象と言わざるを得ない。「水子霊は怖いぞ、怖いぞ」と強調しておいて、「供養は私のところで」では、金を儲けるためにやっていると思われても仕方ない。

決して商売の邪魔をするつもりはないが、水子に関する誤った知識を持っている人があまりにも多いので、少しご説明しようと思う。

妊娠三カ月で胎児に意識が宿る

水子霊について最初に言っておきたいことは、世間一般でいわれているような強烈なたたりを、水子霊が引き起こすことはほとんどない、ということである。水子霊は決して、大病をもたらしたり、あるいは家を滅ぼしたりするほどの、恐ろしい存在ではない。なぜなら、水子の霊は成人の人霊と比べて、念が非常に弱いからである。

そもそも妊娠とは、ある身魂《みたま》が世に降りてくるとき、予兆、すなわち天の兆《きざし》があり、夫婦が慕《おも》いに駆られて、神道《しんとう》でいう美斗能麻具波比《みとのまぐあい》を営むことに始まる。その結果受精すると、神魂《しんこん》、身魂《みたま》の宿る準備がなされ、約三カ月で人の雛型《ひながた》ができあがる。そして、神魂《かむみたま》というものが、産土大《うぶすなおお》神《かみ》（鎮守さま）の媒介によって、約七カ月から八カ月の頃に宿る。こうして、十月十日《とつきとおか》で霊肉が一致して完成し、出産の運びになるわけである。

人の御魂がどの段階から宿ったことになるのかについては、「ミタマ」というものを、「身魂」としてとらえると明確になる。つまり、人間の「身魂」とは一霊四魂《いちれいしこん》から成っているのであって、四魂とは「荒魂《あらみたま》」「和《にぎ》魂《みたま》」「幸魂《さきみたま》」「奇魂《くしみたま》」である。

荒魂とは「勇」であり「勇猛」であって、人体では筋肉や肉体を総称するものである。和魂は「親」であり「和」であって、人体では内臓器官を意味する。幸魂は「愛情」であり「感情」であって、人体では精神、心となる。奇魂は「智」であり、四魂全体の統率をなし、「霊智、霊感、ひらめき」をつかさどる。神霊世界との交流をなす部分はここである。

だいたい、胎内ではこの順序で人間というものが形成されていくと考えていい。約三カ月で荒魂、和魂がそろい、荒魂と和魂の発育とともに幸魂がはぐくまれ、最後に奇魂が宿って完成されるのである。これが八カ月日くらいであろうか。

このように考えると、受精したときから身魂の形成が始まり、三カ月頃には一部の意識が宿って、人としての反応があることになる。ゆえに、三カ月過ぎて掻爬《そうは》した場合は胎児も意識の奥で、どのような状況で自分が堕胎されたのか、なんとなくわかっていることが多いのである。だから、この三カ月の時点で一応、人の始まりと考えるべきではなかろうか。

水子の霊は恐ろしい存在ではない

水子の霊
＝
念がきわめて微弱

（大病をもたらしたり、
家を滅ぼしたりしない）

水子霊の正しい知識

ある身魂《みたま》が世に降りてくるとき、天の兆《きざし》があって、夫婦が慕《おも》いにかられる＝**受精**

三カ月
神魂、身魂の宿る準備をし、人の雛型ができる

七～八カ月
産土《うぶすな》大神の媒介により神魂《かむみたま》が宿る

十月十日《とつきとおか》
霊肉が一致して人間として完成＝**出産**

胎児は受精したときから身魂の形成が始まる

一部の意識が宿って人としての反応が始まる

結論
三カ月の時点で人の始まりと考える

発育、巨大化する水子霊

お母さんの想念で水子霊は成長する

さて、中絶すると通常、その両親は、

「中絶してごめんね。お父さん、お母さんを許してね」

という感情を抱く。それが親の情であり人間の自然な感情といえよう。何も感じない人はどこか異常があるというほかはない。ところが、その両親の想念によって、掻爬《そうは》された胎児の霊が霊界で巨大化していくことが多いのである。

日本では昔から〝いわしの頭も信心から〟というが、〝いわしの頭〟でも神と思って崇敬していると、崇敬している人の想念が霊界で霊雲を形成し、ついにはそれが独立して、霊的意識や人格のようなものを持ち始めるという意味だ。それが神霊界の実相なのである。

そして、ひとたび霊的意識なり人格なりを持ち始めると、祈る人の想念に相応した霊的存在がやってきて〝いわしの頭〟も霊的意識を持つようになる。つまり、我欲で祈れば浮遊霊やヘビ、キツネ、タヌキなどの動物が憑くし、清浄な心で真心込めて祈れば、まれに神霊に類するものがやってくることもあるわけだ。

真心込めてお仕えしているお社や仏像には、光り輝く神霊が宿っているのも、この原理によるものであるといえよう。このように、神霊界では人の想念に相応して霊が巨大化したり、光を増したり、邪気を結集したりするのである。これが、「霊の巨大化理論」と名づける理論である。

水子霊の抱く怨みと嫉妬の念

こうして、水子霊は両親の想念によって増幅されながら発育したり、巨大化するのである。このことを忘れてはならない。

そして、この巨大化した水子霊は一般に二つの感情を持っているといえる。一つは両親に対する怨み、呪いの念、もう一つは兄弟姉妹に対する嫉妬《しっと》の念である。つまり、

「どうしてお母さんは、ボクだけを闇から闇へと葬り去ったの。許せない！」

という念と、

「お兄ちゃんたちはあんなにかわいがってもらっているのに、ボクだけひとりぼっち。おもしろくない」

という念である。そして、この二つの念は、両親が気にすればするほど、成長するのである。

しかし本来、水子霊は、妊娠三カ月を過ぎれば、いつ流産あるいは掻爬されようと今世に生まれ出て罪を犯しているわけではないので、文句なく水子霊の天国浄土に行く資格がある。ところが、水子霊は霊界があるということも、霊界へ行くということも知らないので、そのまま天国浄土へ行くことなく、両親や兄弟姉妹たちに憑いてしまっているわけだ。気にして供養すればするほど、しっかり母体に憑いてしまっているのだ。

こうした水子霊を、本来行くべき水子霊の天国浄土へ送ってやるのが、ほかならぬ神霊能力者とか霊能者と称される人々や、水子供養を承る社寺の務めであると私は考える。

なぜ水子供養が必要か……

巨大化する水子霊

水子霊は二つの感情を持つ

①両親に対する怨み、呪いの念
②兄弟姉妹に対する嫉妬《しっと》の念

⇓

両親が気にすれば気にするほど成長する

↓

水子霊は霊界があること、霊界へ行くことを知らない

↓ 両親が気にすると……

天国浄土へ行くことなく、両親、兄弟姉妹に憑いてしまう

↓ 水子供養

水子霊が本来行くべき天国浄土へ送ってあげる

中絶してごめんね
お父さん、お母さんを許してね
ボクだけ一人ぼっち
ボクだけをどうして葬り去ったの、許せない!!

誤った供養がもたらす水子霊の悲劇

お不動様での供養が炎と金縛りに

広く一般に行われている水子供養の現状はどうかというと、私が見た限り、いくら水子供養をしても、供養されて少し気を静め落ち着いても、水子霊は依然として母体や兄弟たちに憑いていることが多い。いや、それならまだましなほう。なかにはまったく考えられないような水子供養が現実に行われているのである。

だいぶ前のことになるが、一人の女性が私を訪ねてきて、自分の守護神、守護霊を教えてほしいと言った。

私は準備にとりかかった。だが、どうもおかしい。何か異常な念を感じるのである。さっそく天眼通力で見てみると、全身を縄で縛られたうえ、炎に包まれた水子が憑いているではないか。私もこんな水子霊は見たことがなかった。

いったいどういうことなのか、咄《とっ》嗟《さ》には理解できなかった。が、ちょっと考えたらこの謎は簡単に解けた。

「以前、お不動様で水子供養をしてもらったことがありますね」

「はい、していただきました……」

やはりそうだった。お不動様で供養してもらうと、行者の域が真に達していれば別だが、そうでないと大方の場合、行者の不動力で炎となり、金縛りにされてしまうのである。

水子霊を金縛りにすれば霊障がなくなることはなくなるが、それではあまりにも水子霊がかわいそうである。そこで私は、炎を消して縄を切り、ベビー用の霊人服を着せてあげ、おもちゃもミルクもそろった水子霊の天国浄土へ送ってあげた。

〝南無妙法蓮華経〟が短刀となって突き刺さる

もう一つ、驚くべきお話をご紹介しよう。あるテレビタレントのお母さんが某法華経関係の霊能者に、

「あなたには水子の霊が憑いている。あなたの娘がテレビ界で成功しようというときには必ず邪魔をする。私がお祓いしてあげよう」

と言われ、お祓いをしてもらったという。その後、しばらくして私のところに来た折、

「本当にお祓いできているのでしょうか。まだいるような気がしてならないのですが」

ということで、私が見ることになった。私はまたまた驚いてしまった。なんと、全身に二十三本もの短刀が突き刺さっている水子霊がいたのだ。

だが、理由はすぐにわかった。お祓いのためにあげた〝南無妙法蓮華経〟のお経が短刀となって、突き刺さっていたのである。慈悲の心であげる〝南無妙法蓮華経〟は一語一語が仏さまとなって現れるが、霊能者は文字どおり、水子霊を祓い除ける険悪な念でお経をあげたからである。

水子供養に限らず、ほかの除霊もすべて、「邪魔するな！ 霊よ出て行け！」という想念で除霊すると、あまり効果がないばかりか、悪霊が逆上して、とんでもない結果を招くことにもなりかねない。現在行われている水子供養のほとんどは、水子霊にとって本来の幸せや救済ではないと言わざるを得ないのである。

水子霊の悲劇の現状とは……

お不動様での水子供養の場合

行者の不動力

⇐ 水子霊は炎につつまれ、金縛りにされる

⇐ 霊障はなくなるが、水子霊は泣き叫ぶ

〝南無妙法蓮華経〟での水子供養の場合

〝南無妙法蓮華経〟のお経

⇐ 短刀として水子霊に突き刺さる

⇐ 祓いのける険悪な念でお経をあげていたため

子供に関する問題や家庭不和は水子霊に原因が……

水子霊と他の強い霊が複合して霊障効果増大

　水子霊は一般的にいって、肉体に強くたたるほどの念力はなく、兄弟姉妹にあたる子供たちの精神に微妙に影響を与えることがもっぱらである。しかもこの場合、水子霊だけで障《さわ》るのではなく、他の強い霊と複合して霊障効果を増大させることがほとんど。そもそも霊障とは、単一の霊がもたらすことはほとんどなく、メインとなるものがあって、それに他の霊が複合して現れる場合が多いのだ。

　水子霊の霊障の主なところとしては、まず、集中力のない子、引きこもりの児童、また、学習に対する集中力が欠如し、学業成績が著しく悪い場合も、水子霊が主原因となっているケースが多いといえる。

　さらには先述したように、水子は兄弟姉妹を妬んでいるので、これを仲たがいさせることもある。兄弟ゲンカが絶えない、兄弟が異常なほど対立するというのも、水子霊が原因となっているケースが多い。

　また、両親への異常な反発心となって現れることもしばしばある。

　これらの霊障は、水子霊が一体だけならそれほど表面化しないが、水子霊が巨大化していたり数が多かった場合は、その現れ方も顕著である。

　その解決策の第一は、何よりもまず避妊に気をつけて水子をつくらないことである。人道的に仕方なく掻爬した場合は、気休めの供養をするのではなく、正しい霊界知識に基づく、水子霊の気持ちと幸せを第一にした真の供養をすることである。

正しい水子供養を行うために

　水子供養をする霊能者や祈祷師《きとうし》のすべてが、正しい霊界知識と愛念と真心に基づいて行うわけではないので、十分注意していただきたい。

　関東では、正しい神霊、仏霊の坐《ま》す浅草観音や川崎大師で「水子供養」という修法をやったらよいであろう。自分の近所でという方は、産土《うぶすな》神社（鎮守様）でお願いしたらいい。

　この場合、まず、

「せっかく子供を授かりながら、自分の都合で殺《あや》めてしまったことをお許しください」

　と神様にお詫びを申し上げ、

「この子をどうぞ、水子霊の行く霊界へと救ってください」

　と至誠をもってお願いする。これが、最も大切な心構えである。

　そして水子霊に対しては、

「お父さんやお母さんを怨まないでちょうだい。兄弟たちを妬まないでちょうだい。霊界にもお父さんやお母さんがいるから、そこへ行ってお前も幸せになってちょうだい」

　という気持ちを向けていただきたい。

　このように、神様に対する至誠と水子霊に対する真心で臨むならば、必ずや水子霊は救われるはずである。

　ところが、産土神社といっても、すべてがすべて正しいご神霊が宿っているわけではないので、注意が必要。神主さんが金もうけ主義に走って、境内が汚く、森がないところには邪気邪霊が多いので、避けたほうが無難といえよう。

水子霊の霊障は子供たちの精神に影響を与える

水子霊の霊障の主な例

・集中力のない子
・引きこもりの児童
・兄弟ゲンカが絶えない
・兄弟が異常なほど対立する
・家庭内暴力

など

解決策 →

「①避妊に気をつけて水子をつくらない
②仕方なく掻爬《そうは》した場合、真の供養をする」

産土《うぶすな》神社での水子供養の作法

1. 神様にお詫びを申し上げる
「自分の都合で殺《あや》めてしまったことをお許しください」
2. 至誠をもってお願いする
「この子を、水子の行く霊界へと救ってください」
3. 水子霊に気持ちを向ける
「お父さん、お母さん、兄弟たちを妬まないでください。お幸せに」

水子霊は救われる!!

動物の霊障について

動物霊障とは

動物霊とは、文字どおり動物の霊を意味する。一般の霊能者は動物霊のたたりの恐ろしさを盛んに喧伝しているが、果たして動物霊が本当にたたるのかどうか。一部の霊能者や心霊研究家が〝畜霊は一切たたりしない〟という見解を明らかにしているが、私も基本的には同じ考えである。だが、例外も多いのである。

確かに、人間を惑わしたり悪さをする狐、狸、蛇などは、ほとんど人霊の化けたものであって、文字どおり動物霊が悪影響を及ぼすことはきわめて稀であるといえる。しかし、動物霊でもたたりすることがあるのだ。

動物霊の怨念は人霊に比べて微弱

どんな動物であろうと、殺されて「どうもありがとう」とお礼を言うことは絶対にない。殺気を感じたら、すばやく逃げ回るのが動物である。したがって、動物は殺されることになんらかの悪感情を抱いていることは間違いない。

その最たるものが、殺されて、しかも食べられた蛇の怨念霊だ。この場合のたたりは強烈で、悪質な皮膚病とか偏頭痛の原因となることが多い。

しかし、なんといっても動物の悪感情は、人霊が化身して狐や狸や蛇になっている場合と比べるときわめて微弱であり、その障りも、はるかに小さいことも事実。

また、人霊が怨んでいる念のように、直接肉体におよぶことは少ないともいえる。

だがしかし、一体一体の影響は微弱であっても、それが大量に積み重なると、通常人霊のたたりよりはるかに恐ろしい霊障を引き起こすことがあるのである。

このような場合は、誠意と至純の愛より発するところの、真の供養を行う必要があるのである。

動物霊とは——

動物の霊

「畜霊は基本的にたたりなし」

⇩

例外として

養豚
養鶏
動物実験用動物などの

} 大量殺生……▶ 動物霊が蓄積

狐の霊
狸の霊
蛇の霊

} 人霊が化けたもの　がほとんど

殺されて、しかも食べられた蛇の怨念霊のたたりは強烈で、悪質な皮膚病とか偏頭痛の原因となることが多い。

強力な霊障となる

誠意と至純より発する
真の供養が必要

強烈な〝想い〟にペットの霊が巨大化！

手乗り文鳥が巨大な霊になったケース

先日、このようなことがあった。二十歳を少し過ぎた女性が、自分はわけあって、絶対、世のため人のために尽くさなければならないと、真剣な面持ちで私に告げたのであった。

私がわけを問うと、彼女は、

「私は……私は悪いことをしてしまったのです」

と泣き崩れてしまった。

「本当に私は悪い人間なのです。私は、大事なピーコを、私のピーコを、六年間も姉妹のように仲よくして、絶えずそばにいたピーコを……」

「ピーコってなんですか」

「私が命よりも大切にしていた手乗り文鳥です」

予想外の返事に、私は二の句が継げなかった。が、彼女にとっては真剣なことなのである。

「あんなに大切にしていたピーコなのに、彼のことでアメリカへ行ったとき、ピーコにエサをやるのを忘れてしまったの……。私が殺したんです。かわいそうなピーコ」

泣き崩れる彼女を励まして、私は早速、命より大事なピーコ様を除霊、救済することとなった。するとどうであろう。天眼に映ずるピーコ様の姿は、なんとタテヨコ一メートルぐらいの大きな手乗り文鳥になっているではないか。

本人が「かわいい、かわいい」と大切にし、死んだあとも「かわいい」と「かわいそう、かわいそう」と強烈に想っていたため、その念で、本来小さな鳥の霊も超巨大化してしまったのである。

除霊は数分間で終わった。

「あれ、私、なんだか胃がスッキリして、急におなかがすいてきました」

彼女は不思議そうな顔をしながら、爽快な笑みをもらした。

「もうピーコは完全に救われたのですから、今後は一切、ピーコのことは忘れるんですよ。わかりましたね」

このように諭してその日は別れた。

死んだペットは供養し、できるだけ早く忘れる

その数日後、彼女から電話がかかってきた。友だちにピーコのことを話しても悲しくならなくて涙も出ず、胃の具合も、最高に調子いいとのこと。やれやれである。

このように、小さな手乗り文鳥一羽の霊でも、飼い主の心が真に宿ると、はっきりとした意志を持ち、霊も巨大化して、人間の言語や感情をよく理解するようになるのである。

ペットを飼ったことのある方なら、おわかりいただけると思う。

それから、死んだあと、いつまでも飼い主が想い続けると、その霊は本人や家族の体に憑いて、軽度の霊障を引き起こすこともあるのである。先程の女性がいい例である。

しかし、ペットの場合は人間を怨んでいるわけではないので、数が特別多かったり、よほどの特殊事情がない限り、身体への影響は少ないといえる。ただ、ちょっとした動作やしぐさに妙なクセが出る程度である。

死んだペットのことは、供養するなら供養して、できるだけ早く忘れるようにしたいものである。

ペットの霊が軽い霊障を引き起こすこともある

ペットの霊障を受けるのは……

ペットに愛情を注ぐ
「かわいい、かわいい」

↓

ペットが死ぬ

↓

「かわいそう、かわいそう」
と強烈に思う

↓

ペットの霊が巨大化し、
人間の体に憑く

↓

軽度の霊障を引き起こす
「胃がムカムカする」
動作やしぐさに妙な
クセが出る
など

↓

ペットが死んだら

①供養をする

②できるだけ早く忘れるようにする

のがよい

昆虫の障り

昆虫霊の障りは子供たちに影響を与える

本物の畜霊、動物霊でも、場合によっては立派に障りすることの実例をもう二つご紹介しよう。

少年のころ、昆虫博士の異名をとっていたある人が、軽度の手足のしびれと神経痛を訴えていたので除霊をしてさしあげたことがあった。見ると、数万匹の険しい顔をした昆虫の大群が合体化して、巨大な昆虫霊と化し、彼に仕返しをしていたのであった。除霊後、即座に完治したのはいうまでもない。

大量の昆虫霊の障りは、体力的にも霊的にもまだ抵抗力が弱い子供たちに影響を与えることが多いが、具体的には、突き指、骨折、情緒不安定、微弱なイライラ、ヒステリーなどとなって現れるのである。

私も、霊的な感性が極度に敏感になっていた学生時代、飛んでいる赤トンボを、エイッとばかりに手ではたき落としたことがある。

すると数秒後、自分で自分のカバンに指をぶつけ、突き指をしたのである。守護霊の戒めかとも思ったが、やはり赤トンボの霊であった。お詫びして除霊をしたら、すぐに痛みは消えたが、そのとき、

「こんな些細なことでも障りがあるのか。僕が極度に敏感なのかもしれないが、お坊さんたちが殺生するなといって、虫を殺さないためにわざわざ一本歯のゲタを履くのも、なるほど、このようなわけだったのか。それにしても恐ろしい」

と思ったものである。

〝必要な殺生〟ならば罪にあらず

このように書けば、読者のなかには、「子供たちの昆虫採集も許されないのか。自然と親しむ情緒の涵養《かんよう》もできないではないか」とか「肉や魚を食べるのも悪であるならば、いったい何を食べたらいいのだ」と思われる方がいらっしゃるに違いない。

しかし、主神《すしん》が真に罪としておとがめになるのは、「無益な殺生」なのであって、人間のために「必要な殺生」までおとがめになっているのではないのである。

釈尊《しゃくそん》は、まず人間が涅槃寂静《ねはんじゃくじょう》して幸せになることを、なによりも願ったはずである。それ以外は、法華経《ほけきょう》の〝長者の譬《たとえ》〟でもわかるように、衆生《しゅじょう》を真なるものへと導く方便であって、経文の枝葉末節にこだわってはならないと思う。大切なのは、まず、人の幸せである。これが、万物の霊長として人間をお造りになった、主神の真の大御心《おおみこころ》ではないかと思う。

主神の大御心に絶えず見直し、聞き直し、身の過ちは至心に宣《の》り直して、必要あらば自然の恵みを感謝しつつ、肉や魚や鳥もドンドン食べる。昆虫採集も大目に見るときは大目に見て、人の幸せを第一に考えるのが本当の神心《かみごころ》にかなっている。

極度に敏感な霊媒体質や霊感、あるいは誤った霊知識のために偏った人生観や生活観を持つことのないよう、また、人々に違和感を感じさせる人間像をつくらないよう、切に願うものである。それらは、決して主神の御旨ではないはずだからである。

昆虫霊の霊障とは——

軽い手足のしびれ、神経痛

数万匹の昆虫の大群が合体化し、彼に仕返し

除霊後、痛み完治！

少年のころは昆虫博士

大量の昆虫霊の障りとは——

抵抗力の弱い子供たちに影響を与える

あらわれる症状

- つき指
- 骨折
- 情緒不安定
- イライラ
- ヒステリー　など

見ただけでは区別できない狐霊

狐の霊は七種類に分けられる

ひと口に狐の霊といっても、いくつかの種類に分けられる。

①文字どおり動物の狐の霊
②怨念霊狐
③生霊乗っかり人霊狐
④祖先霊狐
⑤稲荷《いなり》狐
⑥天界の魔物の一種である金毛九《きんもうきゅう》尾《び》または天邪狐（何万種類にも及ぶ天邪狐がいる）
⑦人の想念がつくり出した幽邪狐（雑狐霊）

以上の七つに分けられるが、⑥⑦については、機会を改めてご説明したいと思う。

①の狐はすでに述べたようにたたることはほとんどないが、ときとして障りすることもある。たとえば神社や民家で、「狐は神様のお使いだから」と、死んだ狐を丁寧に葬り、敬った場合などがそれである。こうすると、単なる動物霊が巨大化して、はっきりした意識を持つようになり、いわゆる〝野狐の障り〟を強烈に惹起することもあるのである。これは狸の場合よりちょくちょく見受けられるが、それでも、きわめて稀なケースといえるだろう。

問題は②から⑤の狐だが、②③④の狐と⑤の狐は、まったく別物である。②③④の狐は人霊が化身して狐となっているものだが、⑤の稲荷狐は元々神様の眷属《けんぞく》、すなわち使者の狐である。しかし、これらの狐は霊界ではまったく同じ姿をしていて、見ただけでは区別できない。

それぞれの狐について少し詳しくご説明しよう。

稲荷狐は五穀豊穣をつかさどる神様の眷属

本来稲荷とは飯成《いいなり》の神であり、稲荷狐とはすなわち五穀豊穣《ごこくほうじょう》をつかさどる神様の眷属であって、穀物の種を全国に伝播する役目を持っている狐である。つまり、人間のために食べるもの着るもの、御食《みけ》つものすべてを調えてくれる大変ありがたい存在なのである。そして、この稲荷取り締まりの任にあたっているのが、天照大御神《あまてらすおおみかみ》の御食つものをつかさどる豊受大神《とようけのおおかみ》系の神である。

『稲荷秘文』によれば、「国常立之尊《くにとこたちのみこと》が五狐をはじめ、すべての狐霊をつかさどっている」とあるが、私が実際に伊勢神宮に行って、直接ご神霊にお伺いしたところ、「伊勢の外宮《げくう》、豊受大神は、その国常立之尊の和魂《にぎみたま》と幸魂《さきみたま》の合体神霊である」と明言しておられた。ゆえに、稲荷狐を取り締まっているのは豊受大神系の神と言い得るのであるが、実際の伏見稲荷などは、須佐之男之尊《すさのおのみこと》の和魂「佐太大神《さたおおかみ》」が統括しておられる。

そして、主宰神に統率されて、眷属が正しい働きをまっとうしている状態を「保食《うけもち》の神」とか「宇賀之御《うがのみ》神《たま》」といっているのである。

よく稲穂を口にくわえた狐の石像を見ることがあるが、あれが本来の正しい稲荷狐の姿である。五穀豊穣をもたらす神の使者であることを象徴しているわけだ。全国至るところの神社に稲荷の社が置かれてあるのは、神社の繁栄と氏子たちの五穀豊穣たらんことを願ってのことである。

狐霊は七種、見た目だけでは区別不可能

狐霊には七種ある

1
文字どおり
動物の狐の霊
↓
障りはほとんどない

2
怨念霊狐

3
生霊乗っかり人霊狐

4
祖先霊狐

5
稲荷《いなり》狐
↓
神様の眷《けん》属《ぞく》
（使者）の狐

6
天界の魔物の一種で
ある金《きん》毛《もう》九《きゅう》尾《び》または
天邪狐

7
人の想念が
つくり出した幽邪狐
（雑狐霊）

自業自得、稲荷狐の障り

本来の使命を忘れて悪さをする〃ハグレ狐〃

ところで、稲荷には神道系のほかに、仏教系の荼枳尼天《だきにてん》が狐となっているものがある。豊川稲荷がそれであり、狐の顔も伏見稲荷と比べて荒い。その点、伏見稲荷のほうが気位とプライドを持っているようだ。

それはともかく、稲荷は本来、正《せい》神界《しんかい》の神様の使者であって、悪いことはしないのであるが、稲荷を崇敬する人間の心に邪念が多いため、本来の使命を忘れて人間界に悪さをする〃ハグレ狐〃と化してしまっているのが現実である。

つまり、稲荷を崇敬するとあまりにもはっきりと現世利益《げんせりやく》がもたらされるので、いつしか人間の側が本来の神様、すなわち天照大御神を中心とした豊受大神を奉るのではなく、稲荷だけを崇敬してお蔭《かげ》をいただこうというようになってしまった。お蔭信仰である。こうして稲荷狐は気分がよくなり、プライドが満たされることになる。そこで、本来の使命から逸脱して人間界に横行するようになった、というわけである。

この〃ハグレ狐〃が現在、全国のほとんどの稲荷の社にいるのである。正神界の本来の稲荷がいる神社は、残念ながらごくわずかといわざるを得ない。というのも、今述べたように、稲荷を崇敬する人々が日本の国のためにとか、御魂《みたま》の向上のために祈るのではなく、自分の煩悩《ぼんのう》を充足させるためだけに祈り、神様を利用するような気持ちで信仰しているからである。

稲荷狐の障りは欲心にかられ主を忘れた報い

しかし、このような〃ハグレ狐〃でも、信仰している間は現世利益をもたらしてくれるのもまた事実。商売繁盛、家内安全等々、いろいろなかたちでお蔭を与えてくれる。

だが、問題は崇敬しなくなった場合。お参りやお供え物をしなくなると、たちまち仕返しをする。だいたい無一文まで追いやって、ひどい場合は七代障るようである。凄まじいばかりの反動パワーといえよう。

稲荷狐といっても所詮《しょせん》は動物であり、咀嚼《そしゃく》力とか神霊世界に対する悟りがないのである。だから、崇敬すればすぐお金で表わし、著しい霊能力なども与えるが、崇敬しなくなると無に帰してしまうのである。

これに対して、本当のご神霊は絶対にたたったりしない。参拝に来たら、加護と盛運をお与えになり、崇敬しなくなっても、「今頃どうしているものか」と、気遣って案じておられるのである。なぜなら、本当のご神霊の意志と行動の原理は、すべて慈《じ》仁《じん》、慈愛《じあい》の大御心《おおみこころ》であるからだ。

眷属には、一般に役割と働きはあっても、大愛と思いやりはない。ただ、忠実に主宰神の命令を奉ずるだけなのである。もちろん、ご神霊が眷属の役割を果たしている場合はこの限りではない。

こう考えると、稲荷狐にたたられるというのはある意味で自業自得である。欲心にかられて主を忘れ、従たる働きの神使に帰依した報いにほかならない。

人間の邪心が招く稲荷狐の障り

稲荷狐の障りとは——

⇓

本来は、正神界の使者（悪いことはしない）

⇓

しかし、稲荷を崇敬する人間の邪心が原因

⇓

"ハグレ狐" 化する＝稲荷狐

信仰しなくなると
＝
仕返しをする
・無一文まで追いやり、七代障る

信仰している間は
＝
商売繁盛、家内安全

本能に身を任せば人も狐に

お蔭だけがほしい――。死後は狐の姿に……

狐の姿をしている人間の霊が霊界には多い。どのような人が死後、狐になるのかというと、それは生前、稲荷信仰をしていた人が多い。正しい心で稲荷を信仰するなら問題はないが、お蔭だけがほしい、現世利益だけがほしい、というような気持ちで信仰していると、死後、狐の姿となってしまうのだ。

稲荷を信仰していると、無意識のうちにその霊流を受け、性格的にウソつきになったり、気分がコロコロ変わったり、性的欲望が強くなったりと、狐の持っている性格をそのまま受け継ぐようになったりする。こうして絶えず狐の霊流を受けることで、いつしか本人の御魂まで畜生道に堕ちてしまうことになるわけだ。

稲荷を崇敬して現世利益をいただこうという心は、人間本来の心の道から逸脱している。お蔭だけほしいというのは、本能そのままである。姿は人間でもその魂は畜生と化している。ゆえに、死んで肉体を脱いだあとは、畜生すなわち狐の姿になってしまうわけである。

これが先祖霊狐である。先祖霊狐は子孫たちに憑いて霊流を送るので、その子孫たちも、狐のような性格を形成しやすくなる。ご先祖のなかに生前稲荷信仰をしていた人があれば、人霊狐となっている可能性がある。

この人霊狐は、見たところ動物霊の狐や稲荷狐となんら違うところはない。それゆえ、霊視だけする霊能者は、とかくごまかされてしまうことになる。昔、「この人には狐が憑いている。叩き出さなくてはいけない」と、肉体を激しく殴打して当人を殺してしまった祈祷師がいたが、先祖霊狐は本人の性格と合体しているので、叩いたぐらいでは出ていかない。

狐の正体がなんであるのかしっかり審神《さにわ》できなければ、完全な除霊はできないというわけである。

性格が狐のようになっていないかいつも反省する

ところで、稲荷信仰をしていなくても、死後狐の姿になるケースがある。それは、その人の性格がまるで狐のようになっている場合である。

狐の性格とは、まず小賢《こざか》しいほど知恵が回り、ウソをつく。色事にふけり、セックスを貪る。ヒステリーで気位が高く、気分がコロコロ変わり落ち着きがない――など。人間誰しも、多少はこれらの性格を持っているが、異常なくらいセックスに走ったり、ウソつきであったりすると、その魂は畜生道に堕ちてしまう。

色街ばかりに出入りしている人は、ほとんど間違いなく死後、狐か蛇になってしまう。性欲は、神様が人間に与えてくださった本能の一つであるが、こればかりに没入している人間は、本能を充足させることしか知らない畜生と同じである。

畜生には、自分の御魂《みたま》を向上させ、世のため人のために生きるという感覚がない。ここが人間と畜生との決定的な違いである。

自分の想念が畜生道に堕ちてはいないか、いつも反省しながら生きていきたいものである。

死後、狐の姿になる人霊とは——

狐の霊になる人とはこんな人

1 稲荷信仰をしている人

正しい心での稲荷信仰は問題ない ○

お蔭だけを求めて稲荷信仰していると × → **狐の姿へ**

2 無意識のうちに狐の霊流を受ける

- ウソつきになる
- 気分がコロコロ変わる
- 性的欲望が強くなる

3 御魂まで畜生道《ちくしょうどう》に堕ちる

→ **先祖霊狐**

子孫に憑き霊流を送る → 子孫も狐のような性格を形成

稲荷信仰していなくても、死後、狐の姿になるケース

性格が狐のようになっている場合

- 小賢《こざか》しいほど知恵が回る
- ウソをつく
- 色ごとにふける
- セックスを貪る
- ヒステリーで気位が高い
- 気分がコロコロ変わり落ち着きがない

→ **魂は畜生道に堕ちてしまう**

常に、自分の御魂を向上させ、世のため人のために生きようとしているかチェックすべし!!

性格陰湿な蛇の霊

蛇の霊の種類は狐や狸よりはるかに多い

蛇は、アダムとエバを誘惑した聖書の話や白蛇信仰、また、須佐之男《すさのお》之命《のみこと》の八岐大蛇《やまたのおろち》退治の話などで、比較的私たちの身近な存在となってはいるが、霊界における真相は、一般の人が考えるほど単純なものではなく、その種類も、狐や狸にはるかに勝るほど多い。すなわち、

①文字どおり動物の蛇
②人霊怨念蛇
③人霊怨念合体蛇
④生霊怨念蛇
⑤生霊強烈慕情蛇
⑥祖先霊蛇
⑦神罰の蛇
⑧仏罰の蛇
⑨水蛇
⑩海蛇
⑪ヨガ霊能蛇
⑫白魔術系の白金猛蛇
⑬黒魔術系の黒猛蛇
⑭本人の情欲過剰蛇

以上の十四である。①は動物の蛇の霊なのでほとんどたたりしないが、殺して食べた場合は強い霊障をもたらす。②から⑥はすべて人霊が蛇の姿になっているもの。⑦⑧は人霊ではなく、神様の眷属としての蛇である。⑨から⑭は実際に霊界にいる特殊な蛇で、⑩⑫⑬については、機会を改めて詳しくご説明したい。

以上の十四の蛇は、霊界では皆、同じ姿をしている。したがって、外見だけで判断すると失敗することになりかねない。霊視だけをする霊能者は、特に危険である。

かつて、私のところに見えた中年の男性は大変な頭痛に悩まされ、東北地方のある霊能者に相談したところ、蛇が憑いているので蛇供養をするように言われ、蛇塚をつくってタマゴをあげ蛇供養をしたという。

ところが、頭痛はいっこうに治らず、再び蛇供養をしても治らない。そして、彼の友人に紹介されてわざわざ東京まで出てきたのである。

私が見ると、なるほど蛇が憑いていた。だが、それは動物の蛇霊ではなく、激しい怨念を抱いた人霊が蛇となっていたのである。しかも、複数の人霊が合体して一匹の蛇となっていた。

これでは、いくら蛇塚をつくって蛇供養しても霊障はなくなるはずがない。狐や狸がそうであるように、蛇もたくさんの種類があるのである。

蛇は悪いほうへ悪いほうへと考える

蛇の一般的な特徴について述べておこう。

蛇はまず進歩向上しない。絶えず低いところ低いところへと逃れようとする。苦難に遭遇すると、精進、努力してそれを乗り越えようとはせず、横にヌルリと逃れようとする。

蛇は暗い。カラッと明るいところがなく、悪いほうへ悪いほうへと考える。性格が陰湿で、いつもグチを言う。「どうせ俺なんか」と口で言いながら、腹の中では反対のことを思っている。

以上のような特徴に自分の性格が該当するように思われる方は、蛇が憑いている可能性があるといえよう。

14種類ある蛇の霊、霊界では同じ姿をしている

種類	特徴
①文字どおり動物の蛇	殺して食べた場合は強い霊障あり
②人霊怨念蛇 ③人霊怨念合体蛇 ④生霊怨念蛇 ⑤生霊強烈慕情蛇 ⑥祖先霊蛇	人霊が蛇の姿になっているもの
⑦神罰の蛇 ⑧仏罰の蛇	人霊でなく、神様の眷属としての蛇
⑨水蛇 ⑩海蛇 ⑪ヨガ霊能蛇 ⑫白魔術系の白金猛蛇 ⑬黒魔術系の黒猛蛇 ⑭本人の情欲過剰蛇	霊界にいる特殊な蛇

蛇の霊の一般的な特徴

①進歩向上しない
②絶えず低いところへ逃れようとする
③苦難に遭遇すると横にヌルリと逃れる
④明るいところがなく暗い
⑤悪いほうへ悪いほうへと考える
⑥性格陰湿でいつもグチを言う
⑦「どうせ自分なんか」と口で言いながら、腹の中では反対のことを思っている

自分の性格が右記に該当するなら

蛇が憑いている可能性あり!!

蛇の霊と個々の特徴

●人霊怨念蛇

これについては第二章でふれたので、だいたいのところはおわかりのことと思う。強烈な怨念を抱いたまま霊界に行くと、長い年月の間に、姿が蛇になってしまうのである。

能楽の『道成寺《どうじょうじ》』は、旅僧安珍に恋し裏切られた清姫が大蛇となって、安珍の隠れた釣鐘に巻きついて殺すという話だが、この大蛇も清姫の怨念が化身したものである。

●子孫を苦しめ抜く人霊怨念合体蛇

これは、複数の怨念人霊が一つの目標のもとで合体して、一つの霊となることである。たとえば、先祖が複数の人を苦しめ、その人たちが霊界へ行って、「こいつの子孫を苦しめ抜く」という目的で一致した場合、合体して一匹の蛇となることがある。

霊界というところは実に不思議なところで、志を同じくする者が集まると合霊、合体して一つの霊となることがあるのだ。

人霊怨念合体蛇の場合はマイナスの合体の霊だが、プラスの合体としては、守護霊が合体して守護霊団をつくることがあげられる。

●生霊強烈慕情蛇

これは第五章で詳説するが、慕情蛇は強烈な恋心の化身で、相手の異性の腰や腹、胸に巻きついている。そして情緒不安定やけだるさをもたらし、性の妄想などをかきたてる。

芸能タレントの性の乱れは、これらが原因となることもしばしば。人気が出すぎるのも考えものである。

●強烈な怨みが生み出す生霊怨念蛇

これも生霊だが、強烈に慕情しているのではなく、強烈に怨んでいるところが違う。

ある女性が激しい頭痛とめまいを訴えてきたことがあった。私はひと目で生霊怨念蛇が憑いているのを見抜いたが、聞けばこの女性、妻子ある男性と恋に落ち、ついに正妻と離婚させ、自分が妻の座についてしまったという。当然のことながら、元の奥さんは激怒した。

この激しい怨念が生霊の蛇となって彼女をとり巻き、霊障をもたらしていたわけである。しかもこの場合、よほど怨みが深かったのであろう。蛇には大きな二本のツノが生えていた。これが生霊怨念蛇である。

●先祖霊蛇には、女遊び、金銭欲の過ぎる人が……

これは先祖が畜生道に堕ちて蛇になっているものである。蛇の姿になるのは、ほとんどが生前、女遊びに明け暮れていた人。〝血の池地獄〟に落とされる人もいるが、蛇になることが多い。情欲の想念がヌメヌメした蛇の姿になってしまうわけだ。

金銭に対して執着心の強い人も蛇になっている。私が見てきた限りでは、まっ黒の蛇になっていることが多い。一般に執着心と物質欲が重なると、黒色霊化するのである。

こうした人が先祖の中にいると、その霊流を受けて本人の性格も蛇に似たものとなる。もちろん運勢も下がり気味になる。

人霊が蛇の姿になっている霊

人霊怨念蛇

‖

強烈な怨念を抱いたまま霊界に
行くと蛇の姿になる

人霊怨念合体蛇

‖

複数の怨念人霊が一つの
目標のもとで合体

生霊強烈慕情蛇

‖

生きている人の強烈な恋心の化身

生霊怨念蛇

‖

生きている人の強烈な怨念の化身

先祖霊蛇

‖

女遊び、金銭欲の過ぎる先祖霊の化身

男女関係に不幸をもたらす神罰の蛇

〝バチがあたる〟眷属の蛇が罰を下す――

蛇のなかには、動物の蛇や人霊が蛇の姿になっているものばかりでなく、神様の眷属、すなわち神様の使者としての蛇もいる。

眷属の蛇の特徴は、病気治療ができることと、当てもの、すなわち近い将来の予言をすること。この二つが大きな特徴だが、要するに、眷属の蛇は物質次元に近いのである。高級なご神霊は次元が高すぎて、物質次元にまで降りることができない。そこで、眷属の蛇を使者として遣わし、人間にいろいろな利益をもたらすのである。

ところが、たとえ神様の使者ではあっても、蛇は所詮動物に過ぎない。現世利益に密着したかたちでいろいろな働きをして見せても、人間の御魂の向上とか人生の本義というものとは関係がない。

さて、本題の神罰の蛇についてだが、神罰とはいっても、本当の神様は人間を罰するようなことは決してなさらない。罰を与えるのは神様の眷属であり、蛇もこれと同じである。

神社や祠《ほこら》をつぶすと俗に〝バチがあたる〟というが、これは決して迷信ではない。だが、このバチをあてるのはご神霊ではない。ご神霊は神社がつぶされればパッと神界へ帰ってしまわれ、残った眷属の蛇が罰を下すのである。蛇は動物だから、許しとか哀れみとかいう神性を持ち合わせておらず、感情のままに仕返しをするわけだ。

縁談が調わない最大の原因となる神罰の蛇

神罰の蛇は一般に、男女関係の極端な不遇の元となったり、縁談が調《ととの》わない最大の要因となったりする。このほか、神罰の稲荷や龍神などと複合的に働いて、異常なほどの不幸な家庭や、発狂者などが続出する家系をつくり出したりする。

以前、雑誌記者をしている女性が除霊に訪れた。三十半ばを越えていたが、いまだに独身。職業柄、チャンスは何度かあったが、ことごとく破談になってしまったという。

破談になった例をいくつか聞かせていただいたが、まったく信じられないような理由によるものばかり。とにかく、彼女は縁談から見放されていたのである。

天眼通力で見ると、怒り狂った一匹の黒蛇が現れた。それは三輪大社《みわたいしゃ》の眷属であった。

彼女の話によれば、学生時代、女の子四人で奈良へハイキングに行き、いつしか三輪大社の神聖なご神体である山中に入ってしまった。それに気がつかない四人が「なんだ、この石は」とばかり、さわったり転がしたりしていると、神主が血相を変えて飛んできてすぐに出るように言うので、しぶしぶ山を下りたという。

それから間もなく、二人が精神に異常をきたし、彼女ともう一人はずっと縁談に恵まれずにいるという。

私の除霊後、彼女は気分が爽快になり、人間関係もよくなったそうで、私も安心した。

神様の眷属である蛇が神罰を下す

蛇の霊にはいろいろある

神様の眷属《けんぞく》の蛇

特徴

①病気の治療ができる
②近い将来を予言できる

↓

物質次元に近い

↓

しかし、人間の御魂の向上には無縁

神罰の蛇

＝

神社や祠《ほこら》などをつぶすと……

↓

罰を与えるのは神様ではなく眷属の蛇

↓

許し、哀れみを持たず、感情のままに

仕返し!!

・異常なほどの不幸な家庭
・男女関係の極端な不遇のもと

古井戸の障りをもたらす水蛇とヨガ霊能蛇

ことわりなく井戸をつぶすと家運が急激に下落する

昔から「古井戸をつぶすと障りがある」といわれているが、科学が驚異的な進歩を遂げた今日、これを単なる迷信として排斥する人が多い。かくいう私も昔はそう思っていたが、その後いろいろと霊界の実相を探るべく研鑽《けんさん》を積んだ結果、古井戸のたたりは決していわれるような迷信ではないことがわかった。

古井戸からは、だいたい五十年くらい経つと白蛇が出るようになる。大地から湧き出る水の水気が凝結して白蛇の姿となり、井戸の周りを取り巻くようになるからだ。

水気が凝結してできたこの蛇、すなわち水蛇のことを神道では罔象女《みずはめの》神《かみ》といっているが、この水蛇が障りするのである。

なんのことわりもなしに井戸をつぶしたり、あるいは水気を抜かずに井戸をつぶすと、病気になるなど肉体を打たれることが多い。また、家運が急激に下落することも珍しくない。これらはすべて水蛇の怒りによるもので、一種の神罰である。

超能力開発のためのヨガ修業はきわめて危険

最後に、ヨガ行者に憑いている蛇についてご説明しよう。

ご存じのように、ヨガはそもそもインドで発生したもので、歴史的に多方面にわたって大きな影響を与えてきた。三蔵法師《さんぞうほうし》がインドへ渡った目的の一つもこの「瑜伽《ゆが》論」の学習であったし、今日、日本の高野山等でも「瑜伽論」が講究されている。

しかし、今日行われているヨガは、学問的、宗教的に追求するというよりも、超能力開発や健康法として取り入れられているのが実情である。健康法の一つとしてヨガを取り入れる程度ならなんら問題ないが、超能力開発のためにヨガの修業をするという段階になると、きわめて危険であるといわざるを得ない。

というのは、ヨガの霊界と霊能をつかさどっているのが、ほとんど蛇だからである。インド系の金蛇、銀蛇をはじめ、各種の蛇、これがヨガ霊界の主宰神であって、ヨガ行者にいろいろな霊能を与えているのだ。

ヨガの修業ではチャクラを開くためにただ自分の精神世界の一部だけをひたすら凝視し続け、悟りを開いたり、霊能力を会得したりするようになるわけだが、ほとんどの行者がインド系の蛇にとり憑かれてしまう。慈善と世を想う熱烈な愛念と、人格神としての神仏に対する心的交流が欠如しているからである。つまり、霊妙な感性である「御魂」の部分が欠如するのである。

この蛇は、必ずしも邪神界の蛇とはいえないが、人間の御魂の成長と死んだ後のことを考えると、ヨガ霊界に入るのはあまり感心できない。ひとたびヨガ霊界に入ってしまうと、その次元で御魂の成長がストップしてしまうからだ。

水蛇のたたりとヨガ霊能蛇について

古井戸の障りとは……

古井戸は約50年経過すると

⇐ 白蛇が出現し、井戸の周りを取り巻く

⇐ 何のことわりもなしに井戸をつぶすと

⇐ 水蛇が怒る＝たたりする

（・病気になる
・家運が急激に下落する
など）

ヨガ霊能蛇とは……

ヨガの霊界と霊能をつかさどる＝インド系の蛇

⇐ ヨガ
- 健康法のひとつ→何ら問題はない
- 超能力を開発したい→きわめて危険

⇐ 霊能力が得たい
＝
自分の精神世界の一部を凝視するだけ

⇐ インド系の蛇にとり憑かれる

御魂の成長STOP!!

⇐ 死後、蛇の姿になってしまう

狸の特徴は下品で怠惰、よく眠る！

下司で下品で低級趣味である

狐と並んで多い動物霊は狸である。狸にもいくつかの種類がある。

①文字どおり動物の狸の霊
②怨念霊狸
③祖先霊狸
④浮遊霊狸
⑤霊昧天狸（身長二十〜百メートルくらいの巨大なものもある）
⑥人の想念がつくり出した幽邪狸（身長二、三メートルから数十メートルのものまである）

⑤と⑥については、機をあらためてご説明したい。①から④のうち、①の動物の狸の霊はすでに述べたように、人にたたることはほとんどないが、障る特殊ケースがある。

その一つは、山で死んだ狸たちの霊が、年月を経て大量に蓄積されて合体し、巨大な化け物のようになったもの。これは妖怪の一種となる。

もう一つのケースは、人が「お狸様」と、死んだ狸に狸信仰の対象物として崇敬し続けた結果、狸霊が人の崇敬の想念によって神通力を持った化け物となる場合である。しかし、これらはきわめて稀なケースといえよう。実際に障るのはほとんど②③④の人霊が霊界で狸の姿となっている場合であるが、これら一つひとつについて具体的にご説明する前に、狸の一般的な特徴を述べておこう。

まずいえることは、下司で下品で低級趣味であるということだ。神道の言霊学でいうと、「タ」は「尊《たつと》い」の「タ」であり、「貴《たか》い」「高《たか》い」の「タ」であり、「高天原《たかあまはら》」の「タ」であって、高貴なることを意味する。したがって「タ」を抜く「タヌキ」は高貴なものを欠き、下司、下品となるわけだ。

狸は下品な人、つまり高尚な趣味や高貴な人生のビジョンが欠如した人に憑くことが多い。また、下品な場所に出入りしていると、浮遊霊狸にとり憑かれることもある。

〝われよし〟で高い知性がない

さらに特徴をあげれば、怠惰であること。精進、努力することを嫌い、ずぼらで、自らを磨くことをしない。また、無気力。異常なほどよく眠る。そして、よく食べる。こうした人には狸が憑いていることが多い。

〝われよし〟で、高い知性がないことも狸の特徴といえる。狐は小賢しいほど知恵が回るが、狸は知恵が乏しい。いつもポーッとしていて忘れっぽい。考えが堂々巡りして、何が言いたいのかよくわからない。

腹黒くて権威を振り回すのも狸の特徴。強者にはペコペコするくせに、弱者には居丈高に振る舞う。頭の回転は悪いが、腹芸を使うことは達者。こんな人にも狸が憑いていることが多いようだ。読者諸氏の周囲に心当たりの方がきっといるはずだが……。

私は、これまでに正神界の使者としての狸を見たことがない。稲荷や蛇のなかには、正神界の使者として役割を果たすものもあるので、その点、狸よりは位《くらい》が上といえよう。とにかく、狸の最大の特徴は下品で怠け者、そして腹黒いことであり、高貴な「タ」の要素がないことである。

狸の霊のおもなもの

名称	特徴
①文字どおり動物の狸の霊	ほとんどたたりなし 特殊ケース： ・山で死んだ狸霊が合体し、巨大な化け物になるケース ・人が狸信仰の対象物として崇敬し続けた結果、神通力を持った化け物となるケース
②怨念霊狸	
③祖先霊狸	人霊が霊界で狸の姿になっているもの
④浮遊霊狸	

狸の霊の一般的な特徴

①下司で下品で低級趣味
②怠惰で、精進や努力することを嫌う
③無気力
④異常なほどよく眠り、よく食べる
⑤〝われよし〟で高い知性がない
⑥いつもポーッとしていて忘れっぽい
⑦考えが堂々巡りして何が言いたいのかわからない
⑧腹黒くて権威を振り回す
⑨強者にペコペコし、弱者には居丈高
⑩頭の回転は悪いが、腹芸を使うことは達者

⇐ 自分の性格が該当するなら ⇐ **狸が憑いている可能性あり!!**

御魂を向上させない狸の霊

自らの境遇を呪う祖先霊狸

人間界に干渉して、さまざまな霊障をもたらす狸は、人霊が狸の姿になっているものがほとんどである。除霊をしているとき狸が出てくることがよくあるが、その大部分はご先祖が狸の姿になっているものである。

人間は本来、胎蔵界《たいぞうかい》と金剛界《こんごうかい》の二つの要素で御魂を向上させるために、肉の宮を持って生まれてきている。胎蔵界の要素とは、真理を探求して上乗《じょうじょう》に至り、信を全うすることであり、金剛界の要素とは、慈悲《じひ》心をもって人々に体施《たいせ》、物施《ぶっせ》、法施《ほっせ》をすることであり、この善徳によって神仏に対して功《いさおし》を立てることである。

真理を探求し、同時に善徳を積んで御魂を向上させる。真善美を探求しながら、実践して御魂を向上させる、ともいえるだろう。これが人生の本義である。だから、人間として生まれてきた限り、刻一刻精進、努力して、御魂を向上させなければならないのである。

ところが、これを怠って安逸《あんいつ》を貪《むさぼ》っていると、外見上は人間の姿をしていても、その想念は畜生道に堕ちてしまう。畜生は御魂を向上させるだけの霊的自覚はない。もちろん、知性もなければ教養もあるはずがない。ただ本能に従うのみである。だから、動物的本能だけで生きている人は死後、畜生道に堕ちてしまうのである。そして、我利我欲、狡智狡《こうちこう》略《りゃく》に走れば狐の姿となり、腹芸的〝われよし〟の心で怠惰に流れれば、狸の姿となってしまうわけだ。

こうして、畜生道に堕ちてしまった人霊は自らの境遇を呪い、また苦しいがため、なんとか救われたいという一心で子孫に憑き、いろいろと霊障をもたらすのである。それから、そうした思考能力もなく、どうしていいのかわからなくて、ただただ漠然と憑いていることもある。これを知性欠如ダヌキともいう。

不浄の場所を好む浮遊霊狸

生前、霊界があるということを知らずに死んだり、あるいは、死んだのち現世に強い未練を持っていると、成仏せずに浮遊霊となってさまようことになる。さらに、知性も教養もなく、自分を磨くことをしなかった場合には、時間の経過とともに狸の姿になることがある。これが浮遊霊狸である。

浮遊霊狸もやはり、下品で不浄な場所を好む。いかがわしい場所に出入りしていると狸に憑かれることがあるが、この狸などは典型的な浮遊霊狸である。また、不浄なところではないが、小中学校などには「学校いたずら浮遊霊小狸」がウヨウヨしていることがある。水子霊と合わせて、学校での乱暴、いたずらの霊的要因になっていることが多い。

総じていえることだが、狸の憑いている人は整理整頓を嫌い、ルーズである。これに対して、狐の憑いている人は異常にプライドが高く、きれい好きで、半ば病的でさえある。

何事も中庸《ちゅうよう》が肝心であり、行き過ぎや異常な生活態度は慎みたいものである。

人間はなぜ霊界で狸の姿になってしまうのか——

人間は 二つの要素 で御魂を向上させる

金剛界《こんごうかい》
＝
善徳によって神仏に対して功《いさおし》を立てること

胎蔵界《たいぞうかい》
＝
真理を探求し信を全うすること

つまり、真善美を探求し、実践して御魂を向上させる

⇩

人生の本義

しかし怠けていると……

↓

外見は人間の姿だが想念は畜生道 → **死後、畜生道に堕ちる**

先祖が狸の姿になっている「祖先霊狸」

⇦ **知性も教養もない。本能に従うのみ**

⇦ 死後、畜生道に堕ちる
自らの境遇を呪い、苦しむ

⇦ **苦しみから救われたい一心で子孫に憑く**

⇦ **霊障をもたらす**

自分磨きをしなかった浮遊霊が狸の姿になった「浮遊霊狸」

⇦ **下品で不浄な場所を好む**

行者狸は最もタチが悪い

〝われよし〟の心で御魂を曇らせると狸になる

狸のなかで最もタチが悪いのは、行者狸である。行者狸とは、すなわち行者や僧侶が畜生道に堕ちて、狸の姿になっているものをいう。もちろん、行者や僧侶のすべてが畜生道に堕ちているわけではないが、行者や僧侶たちが利欲と〝われよし〟の心で御魂を曇らせると、死んで霊界に行ったあと、大方、狸の姿になってしまうのである。

御仏に仕えるとは、本来、御仏の御心にかなう人となるべく精進、努力することである。それにはまず、御仏の御心とはいかなるものか、真剣に習い、かつ研鑽し、さらに体施、物施、法施の布施行をしなければならないはずである。人々に対する慈悲が御仏の大御心の中心だからだ。

ところが、今日の仏教界を見るに、必ずしも御仏の御心にかなっているとは言い難いのが現実である。檀家組織と非課税というシステムに支えられ、いわゆる葬式仏教に堕ちているところが多いと言わざるを得ない。

仏門に帰依《きえ》していながら、その行いは御仏の教えとあまりにもかけ離れている。こうした僧侶が死ぬと、やはり畜生道に堕ち、狸となってしまうのである。

欲心のために霊能力を身につける人は、死後、行者狸になる

密教系のお坊さんのなかには霊能力、超能力を会得したいと願っている人が多い。その願望は決して悪いことではないが、その発するところ、すなわち動機が狂っていると死後、行者狸になってしまうのである。

当初の世のためにという動機は、一見、善に思える。だが、僧侶としてその気持ちをどれだけ持ち続けることができるであろうか。終生持ち続け、貫き通すのでなければ、なんら意味を持たない。そうでなければ、自分がたくさんの人を集めたいという〝われよし〟の心と、自分でも気づかない功名心へと変わってしまっているのが現実なのだ。ほとんどの場合、動機の根底は自己顕示欲、所有欲、執着心といわざるを得ない。

人間は死んで肉体を脱ぐと、自分の意志と想念に相応した霊界へ行くことになる。執着心がなくて心の軽い人は高い霊界へ行くし、愛と慈悲の心を持つ人は温かい霊界へ行くが、〝われよし〟で冷たい心ならば八寒地獄へ行き、所有欲の強い人もやはり、地獄に近い霊界へ行くことになる。

それで、行執念と霊能力会得の欲望に駆られた人は、行者霊界に行くのである。自分の欲心のために霊能力、超能力を身につけようという人は、間違いなく死後、行者狸か行者天狗、あるいは行者狐、行者蛇になってしまう。

霊能力を会得しようとする前に考えていただきたい。どれだけ人や世に対する愛念があるのか。どれだけ人としての誠の道を踏まえて生きようとしているのか。なんのために霊能を会得しようとしているのか。自らの心に、真剣に厳しく問い正していただきたい。生きているときも死んだ後も、幸せな人生を送るために。

行者や僧侶が畜生道に堕ちて狸の姿になる

行者狸とは——

行者や僧侶が利欲と
〝われよし〟の心で御魂を曇らせると
↓
死後、霊界で畜生道に堕ちる
↓
狸の姿になる

行者狸になる理由

僧侶とは
御仏の御心にかなう人になるべく
精進、努力しなければならない
↓
しかし、御仏の教えとあまりにも
かけ離れていると
↓
死後、畜生道に堕ち、
特に霊能力のあった僧侶は

＝ **行者狸** になってしまう

・人間界になにかとちょっかいを出す
・霊界でたくみに化け、霊能者の目をごまかす

恋の破局にご注意。生霊が憑く！

生霊は文字どおり生きている人間の霊

生霊《いきりょう》。これは死んでしまった人の霊ではなく、現在生きている人の怨み、怒り、慕情などの念が霊となっている状態を意味する。文字どおり、生きている人間の霊である。生霊で最も多く、そして最も強烈なのが恋愛関係のもつれから生じるもの。しばらく前のことになるが、四十歳前後の男性にこんなことがあった。

この男性、妻子があるにもかかわらず、二十六歳になる女性と恋愛関係に入った。やがて二人は熱く燃え上がり、一時は正妻と離婚して一緒になる寸前までできておきながら、急に男のほうが思いとどまり、元の鞘《さや》におさまることにあいなった。

すると二カ月も経たぬうち、奥さんが子宮外妊娠で入院。続いて彼も右足に腫れものができて歩けなくなり、会社を二週間も欠勤するハメに。夫婦仲も次第に悪くなり、ちょっとしたことで口論が絶えなくなった。

そんな折、彼が私のところに相談に来たのだが、私は一目見るなり、別れた女性の生霊のしわざであることがわかった。怨みの想いも好きだという強烈でやりきれない慕情も、思いどおりにならない腹立たしさにしても、つまるところは執着心。このマイナス波動の執着心が当人から独立して、生霊と化すわけである。

こうなると、相手の男性もしくは女性は、既婚者なら夫婦関係がまずくなる。また独身者なら、次に恋愛しても、ちょっとした感情の行き違いでことがうまく運ばなくなる。さらには、広く人間関係全般にわたって影響が出てくる。会社での上下関係にしこりができたり、取引先と折り合わなくなったり、親友との仲が急に気まずくなったりする。

仕事や勉強にも影響する。やる気が起こらない。集中できない。トラブルが増える等々。とにかく、何かにつけて運勢が下がりがちになる。これらはすべて生霊が硬化し、悪霊化しているからなのである。

別れるときは心情のしこりを残すべからず

そこで除霊をする必要が生じるわけだが、この除霊は少々手こずる。なにしろ、生霊は生体エネルギーを持っているので、普通の死霊の怨念や執着心と比べて、はるかに強烈なことが多いのである。

先の男性の除霊も少しばかり手こずった。相手の女性の想念エネルギーが凶悪な蛇と化し、なかなか離れようとしないのである。最終的には私が彼女の想念界およびその奥にある深層意識、さらにまたその奥にある神魂《しんこん》の宿る超深層意識まで飛んでいって、彼女の意識を改革することで除霊した。霊力やエネルギーで除霊するよりも、心から悟らせ、意識を改革して除霊したほうが、彼女にとっても幸せにつながるからだ。

しかし、考えてみれば、こういう男性は自業自得、苦しんで当然なのかもしれない。それはともかく、恋愛するときには細心の注意が必要。特に別れるときは、双方とも心情のしこりを残すことなく別れるようにしたいものである。

生きている人の怨み、怒り、慕情が生霊となる

生霊《いきりょう》とは——

生きている人の怨み、怒り、慕情の念が霊となっている状態

多くの人に憑いて、人生に多大なマイナス影響を与える

最も強烈なのが恋愛関係のもつれ

生霊と化すにはワケがある——（恋愛の場合）

- **死ぬほど好きだったのに別れた**
- **相手の男性に妻子があって成さぬ仲だった**

- 怨みの想い
- やりきれない慕情
- 思いどおりにならない腹立たしさ

執着心

マイナス波動の執着心が独立

生霊

●生霊が硬化し悪霊化すると

男女関係

- 夫婦関係が悪くなる（既婚者）
- 次の恋愛もうまく運ばない（独身者）

人間関係全般

- 会社での上下関係にしこり
- 親友との仲が急に気まずくなる
- やる気が起こらない
- トラブルが増える

生霊による障害は、かく現れる

人間関係や肉体面に現れる生霊による障害

ここで、生霊が憑くとどうなるのか、簡単に整理しておこう。

恋愛の生霊の場合には、夫婦関係、男女関係をはじめとする人間関係が全面的に悪くなる、ということはすでに述べた。いい縁談がちょっとしたことで破談になる、その人のそばにいると理由もないのにイライラしたり腹立たしくなったりする、という場合もある。生霊の持つマイナスの想念波が、その人物のまわりをしっかりと覆っているからである。

肉体面では腎臓や子宮をやられることがある。また、肩がこったり、神経がピリピリする、背が張る、さらには、ちょっとしたことで疲れやすくなったり、手や肘が動かなくなったりすることもあるようだ。

一般的な怨念の生霊が憑いた場合も、同じように体が悪くなり、事故に遭いやすくなる。男性から強烈に怨まれている女性が妊娠すると、流産につながることが多い。この場合、怨んでいる男性が欧米人であればその可能性は一層高くなる。なぜなら、一般に欧米人は日本人に比べて確執が強く、それだけ怨念生霊が強烈だからだ。しかし、比較的淡泊な日本人のなかにも、欧米人なみに確執の強い人がいないわけではなく、そのようなタイプの人に怨まれると霊障も強くなる。

以上が、生霊にとり憑かれたときに起こり得る症状の主だったところだが、ここでその具体例を一つ二つご紹介しよう。

婚約破棄の友人をおそった突然の事故死

まずは、私の学生時代の親友の話から。

彼は、郷里の高校を卒業後、慶応大学へ進学した。そして一人の女性とおつきあいするようになった。その女性は彼より二、三歳年上でなかなかの美人。クラブ歌手をしていた。

「俺の彼女だぜ。きれいだろう」

仲間と会うたびに自慢していた。

大学四年になり、ある大手の損保会社に就職が内定した彼は、結婚を決意した。ところが、結婚式まであとわずかというときになって、彼の心に信じられないほどの大きな変化が起きた。慶応の後輩の女の子に心が移ったのである。

「この結婚やめた」

彼は恐ろしい決断をした。相手の女性の悲しみはいかばかりか。女性のご両親の憤りはいかばかりか。

「こんな勝手なことが許されるはずがない。何か悪いことがなければいいがなあ」

この不安は不幸にも的中してしまった。スキーに行った彼は立木に正面衝突をして膝を骨折、四カ月ほど入院するはめになったのである。これくらいで済んでよかったと、私はほっと胸をなでおろした。

ところがである。やはり、その程度のことでは済まなかったのだ。次の夏、溺《おぼ》れそうになった親戚の子を助けようとして自分が溺れ、死んでしまったのである。今でも彼のことを想うと、なんとか防げなかったものかと胸詰まるものがある。

生霊による障害は人間関係、肉体面に現れる

生霊にとり憑かれたときの症状は――

【恋愛の生霊の場合】

人間関係

①夫婦関係、男女関係などが悪くなる
②いい縁談がちょっとしたことで破談になる
③生霊の憑いた人のそばにいるとイライラする

肉体面

①腎臓や子宮をやられる
②肩がこったり神経がピリピリする
③ちょっとしたことで疲れやすくなる
④手や肘が動かなくなったりする

【一般の生霊の場合】

①体が悪くなり、事故に遭いやすくなる
②女性の場合、流産につながる可能性が多い

生霊は身勝手さを許さない!!

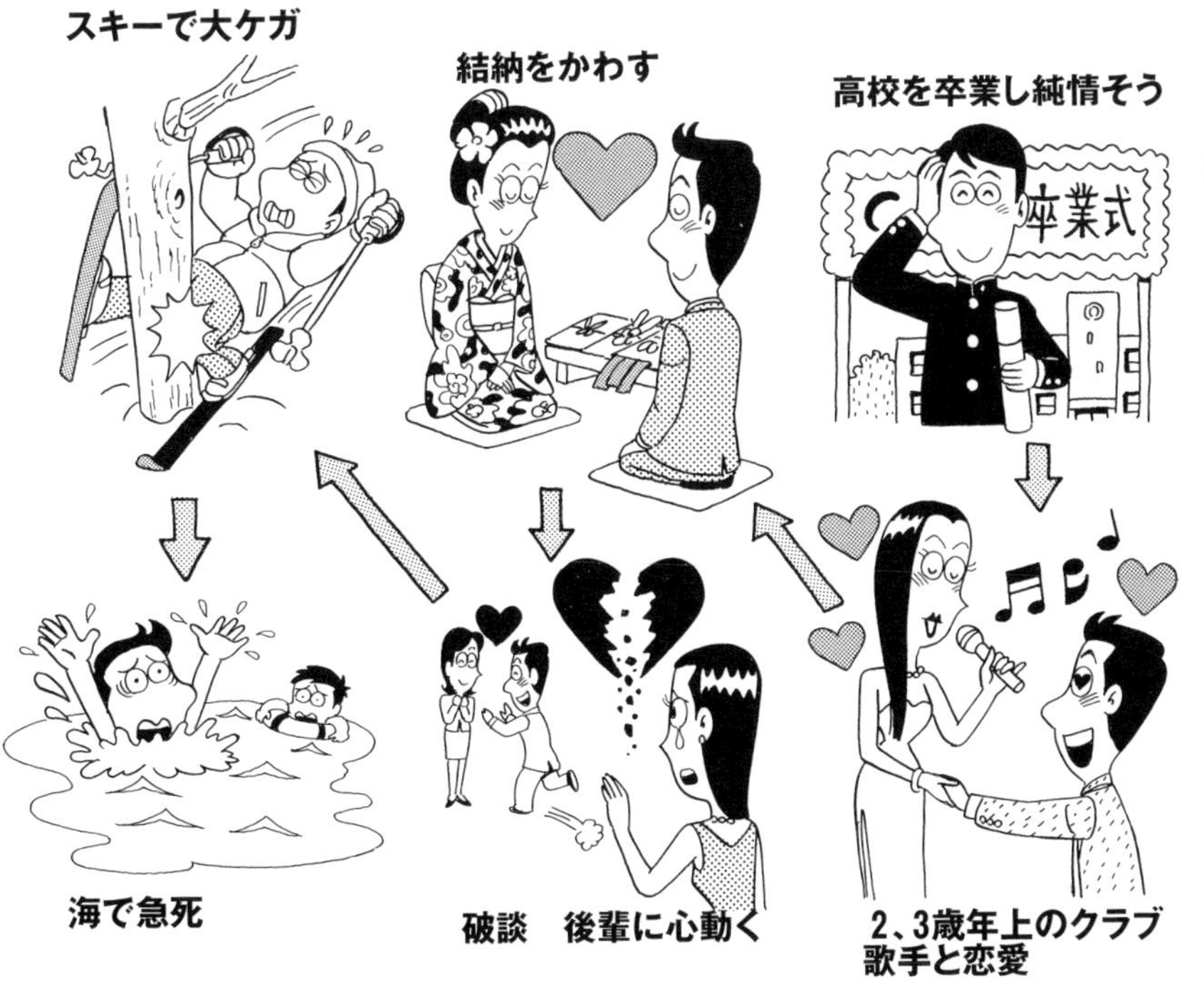

高校を卒業し純情そう
卒業式
2、3歳年上のクラブ歌手と恋愛
結納をかわす
破談　後輩に心動く
スキーで大ケガ
海で急死

女性三人の生霊に憑かれた男

マイナスの念波を送り出す女性の生霊が憑く

もう一つ、生霊にとり憑かれた人の話をしよう。

四十歳くらいの男性が深刻な顔をして相談に来た。

「実は、妻が別れてくれと言うんです。もうこれ以上辛抱できないって言うんです。どうしたらいいんでしょう、先生」

いきなり、どうしたらいいんでしょうと言われても困ってしまうが、聞けばこの男性、日ごろから奥さんのことを〝できた女房〟と感謝しているのだという。

「それなのに、どうして離婚話などに?」

「私が悪いんです。普段は心から感謝しているのに、ちょっと何かあると、すぐカーッとなって激しくなじったり、ときには殴ったり……。カーッとなると、何がなんだかわからなくなってしまうんです」

「なるほど、そうですか。それで、もう別れてくださいって?」

「そうなんです。ですが、女房が別れてくれって言う理由はもう一つあるんです。それは、自分の口からは言い出しにくいんですが、私がブラブラして働かないからなんです。何をやっても長続きしないんです。すぐに飽きちゃうんです。でも、弁解がましく聞こえるかもしれませんが、自分ではまじめに働かなくちゃと思っているんです」

こうしたやりとりをしている間にも、私の目は強烈なマイナスの念波を送り出す凶悪な蛇の姿をキャッチしていた。それは、三人の女性の生霊であった。

女性遍歴は自分自身の御魂をも傷つける

「あなたは奥さんと結婚される前、そうですね、十八歳のときと二十四歳のときと二十六歳のときだと思いますが、三人の女性とかなり親しくおつきあいしたことがありますね」

「十八歳と二十四歳と二十六歳のときですか? アッ、はい、確かに女性と深くつきあっておりました」

「その三人の女性の生霊が憑いているんですよ」

「生霊ですか?」

彼の話によると、若いころ、女性関係が相当派手だったらしい。特に二十四歳のときにつきあった女性とは深い関係になり、その女性の部屋で同棲を始めたという。

ところが、元来移り気の激しい彼は、別の女性に心を奪われはじめた。そしてある日突然、彼女に何も告げず新しい女性のもとへ走った。

プレイボーイを気取って、女性遍歴を重ねることが男の勲章でもあるかのように考えている人が多いが、とんでもない考え違いである。そんなことをしては、相手の女性を傷つけるばかりでなく、自分自身の御魂をも傷つけてしまうのである。

そのことを、世の中の人はあまりにも知らなすぎる。悲しむべきことである。

彼の場合は除霊後、急に勤務意欲が湧いてきて、奥様とも仲直りができたらしい。再びくり返さないでほしいと願ってやまない次第である。

女性遍歴が自分自身の御魂をも傷つける

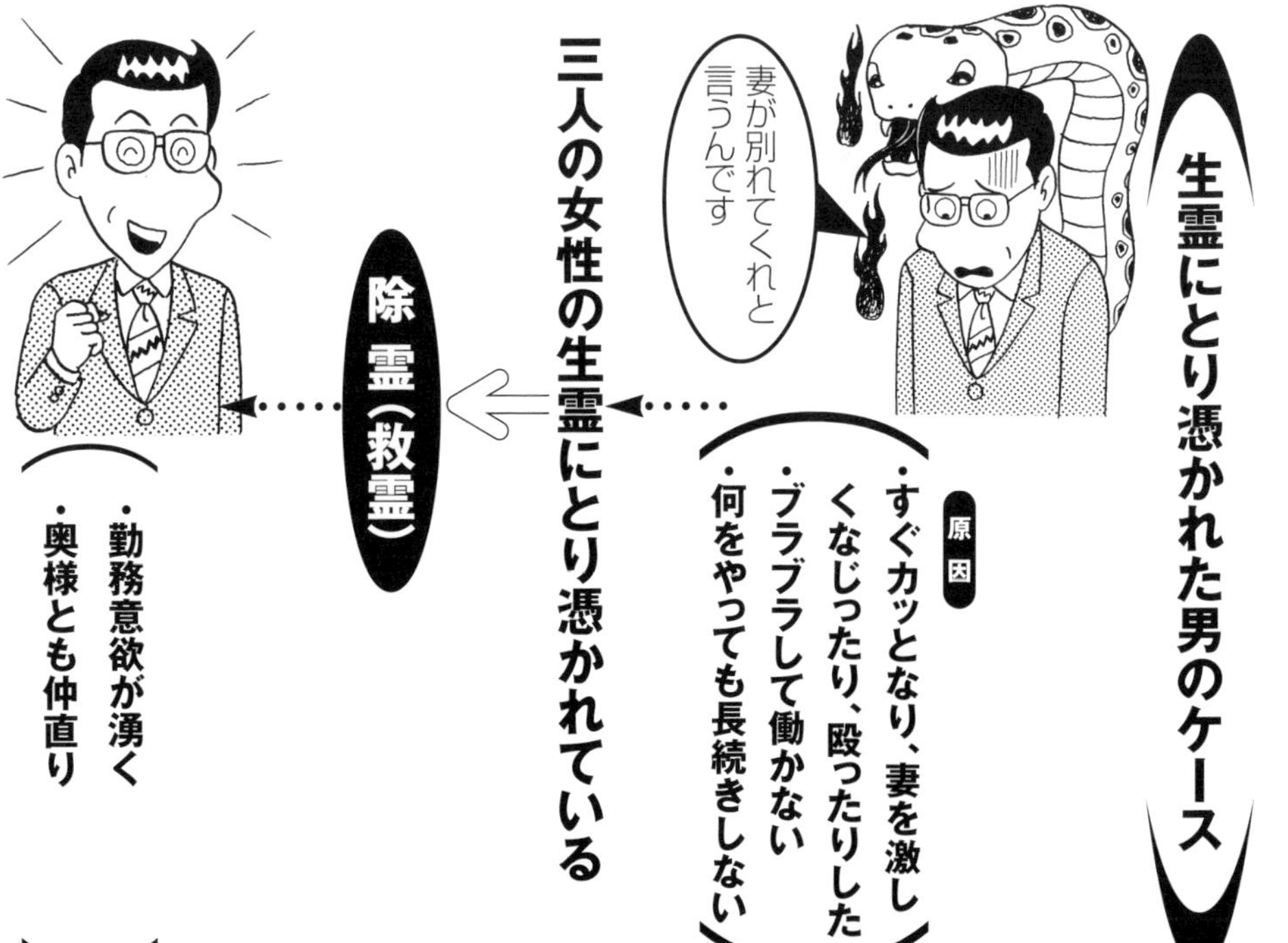

生霊にとり憑かれた男のケース
妻が別れてくれと言うんです
原因
・すぐカッとなり、妻を激しくなじったり、殴ったりした
・ブラブラして働かない
・何をやっても長続きしない
三人の女性の生霊にとり憑かれている
除霊（救霊）
・勤務意欲が湧く
・奥様とも仲直り

生霊対処は"大愛"でしめくくり

人の念とどう接するかは一人ひとりに委ねられている

生霊は、約三カ月から一年くらい強烈に想い続けると、想念が完全に本人から独立して相手に憑くようになる。また、今は想っていなくても、過去、強烈に想ったことがあれば、生霊となって憑いている場合が多い。「恋しい、恋しい」とか「コノヤロー！」という想念が当人から独立して生霊と化しているわけだ。

この場合、相手の幸せを真心から祈っていれば、その生霊は女神、男神の姿となって相手を守る。反対に、捨てられたり心情的にしこりを残すような別れをした場合、あるいは激しく怨んでいる場合には、先の例のように邪悪な蛇の姿となり、相手を不幸に陥れるのである。

つまり、生霊には良い生霊と悪い生霊の二通りあるのである。多くの人々に感謝されている人の運勢がますます向上し、たくさんの敵をつくっている人の運勢が衰退するのは、生霊の働きによるという見方もできるわけだ。だから、人に怨まれるような悪事を働いたり、異性を苦しめるようなことは、なるべく行わないようにしたいもの。常日頃から人として誠意を尽くし、相手の気持ちを考える努力を惜しまないことである。

しかし、人間社会においては、ときとして怨みを買うのを承知のうえで、義を貫き信をまっとうしなければならないことがある。このように考えてみると、人の念の作用というものをどのようにとらえ、どう接するかは、一人ひとりに委ねられているといわざるを得ない。私としては、できる限りの誠意と愛念で接し、最後は大愛《たいあい》でしめくくるべきだと思っている。

また、生霊で忘れてはならないのが、生霊を出す当人に人霊が化身している狐や蛇が憑いている場合。こうした場合は生霊を除霊しただけでは解決できない。生霊救済と動物霊祓い、および動物化した人霊救済を同時に行わなければ、完全に生霊を解決したことにはならないのである。

生霊を出す側にも障害が

最後に、生霊を出している人はどうなるかについてお話ししよう。

まずいえることは、性格が荒々しく怒りっぽくなったり、とかく生活がすさびやすいことである。それは、激昂《げきこう》している自分の姿を想像されれば容易におわかりになると思う。継続して激しい感情を持ち続けると、自分の霊体までが鬼のような姿になってしまうのである。

次にいえることは、集中力がなくなり、ボーッとしてしまうことである。自分の御魂の一部が相手に移っているから、どうしても集中力がなくなってしまうのだ。よく"心ここにあらず"といった風情の失恋女性を見かけるが、これなど生霊を出すことによって、自分の御魂の一部を失っている好例である。

とにかく、生霊を出すと自分の御魂を傷つけ、曇らせてしまうのである。もちろん霊層も下がってしまう。だから、人を怨んだり呪ったりしてはいけないのである。

生霊対処は〝大愛〟でしめくくる

生霊には二通りある

生霊

良い生霊＝想っている当人が相手の幸せを真心から祈って守る ⇐ 生霊が女神、男神となって相手を守る ⇐ 多くの人に感謝されている人の運命はますます向上する

悪い生霊＝想っている当人が激しく怨んで、相手を不幸に陥れる ⇐ ほとんどが邪悪な蛇の姿となり、相手を不幸にする ⇐ たくさんの敵をつくっている人の運勢は衰退する

高級神霊が神がかる人とは

主神《すしん》の大御心《おおみこころ》 ― できる限りの誠意と愛念で接する

最後は〝大愛〟でしめくくる＝私心のない大いなる愛……→真実の愛

生霊を出す側の障害

激しい感情は、自分の霊体を鬼のような姿にしてしまう ← 集中力がなくなり、ボーッとしてしまう ← 自分の御魂を傷つけ、曇らせてしまう ⇐ 人を怨んだり、呪ったりしてはダメ!!

除霊体験者は語る

アルコール地獄から僕は生還した！

七澤公典（作曲家）

「エイッ!」
鋭い気合いにハッとわれに返った僕の首筋から、熱い塊《かたまり》のようなものが上がってゆき、やがて頭上へとゆっくり抜けていった。

そうだ、僕は今、除霊を受けていたのだ。深見先生の口から、あるときは優しく、あるときは厳しく力強く、変幻自在に流れ出る除霊歌に身を委ねながら、僕はいつしか恍惚《こうこつ》状態に陥っていたのだ。意識が覚醒した瞬間、熱いものが頭から抜けていったのである。そのまましばらく瞑目していると、サラサラと鉛筆の音がして、

「七澤さん、これですよ」
という深見先生の優しい声が聞こえた。恐る恐る目の前の紙をのぞいてみると、なんとそこには不気味、かつ大胆にとぐろを巻いた大蛇が描かれているではないか。一瞬、僕の体中のすべての血液が凍りつくような戦慄《せんりつ》を覚えた。

その蛇の首あたりには、
「ウラヤマシ」
という文字が刻まれ、口は大きく開かれていた。

「これが胸に巻きついていたんですよ。そして、この口で顎に噛みついていたわけです。ですから、飲みたくないと思いつつ酒がどんどん入ってしまうんですよ」

先生の声は続く。
「生霊ですよ。誰か心当たりはありませんか?」
「さあ……」
頭の中に過去の女性を数人、思い浮かべてみる。皆、該当するようであり、しないようでもある。
「髪が長く、背は低いほう。いつもジーパンをはいて、眼鏡をかけて……」
過去に髪の長い女性はいるにはいたが、すべての要素が合致する女性は思い当たらない。
「あまりたくさんの女性とつきあったので、よく思い出せません」
なんて言えたらいいなどと思っていると、
「ウーン、この蛇はこんなに大きいから男性かもしれませんね」
その言葉を聞いた刹那《せつな》、
「アッ!」
と、思わず叫んでしまった。思い当たる男がいたのである。これで、蛇の首になぜ「ウラメシ」ではなく「ウラヤマシ」と書かれていたのか、はっきりわかった。

話はさかのぼる。昭和五三年の春、僕の作詞・作曲した『与作』という曲が発表された当時、一緒に住んでいた友人がいた。

彼は十五年来の親友であり、僕はジャズギター、彼はロックギターを弾いていたが、当時は二人ともギターをやめて、彼は某音楽出版社のディレクター、そして僕はセールスマンという新しい道に進んでいた。

そんな折、このヒットが出たのである。ディレクターとしてまだヒットの出ていなかった彼には、身を震わせるほど羨ましく苦しいことであったに違いない。その直後、彼とはある事情から絶交状態になっていた。その彼の妬みの想いが蛇となって僕に憑いて、酒を飲ませていたのである。

話を元に戻そう。とにかく、その蛇がここ数年僕の体に憑いて、精神や肉体をも蝕《むしば》んでいたのである。

除霊をしていただいたころ、僕は毎日毎日二日酔いで体がだるく、いいようのない不快感に悩まされていた。それなのに、来る日も来る日もウイスキーの水割りをボトル半分以上、つまみなしで飲んでいたのだ。体も頭もおかしくならないほうがどうかしている。

不眠症、倦怠感、とらえどころのない作詞・作曲の苦しみ。精神の低迷、将来への不安、イメージ世界への強制突入……。こんなになるまで、なぜ飲んだのだろう。とにかく、翌日どんなに辛いかをイヤというほど承知しているのに、また飲んでしまうのだ。

これではいけない。身も心もボロボロになってしまう。社会生活についていけなくなってしまう。自分が信じられなくなってしまう。アホになってしまう。こんなふうに考えれば考えるほど、ますます酒量が上がってしまうのだ。

これはもう、いってみれば自殺行為ではないか。まるで自分をこの世から抹殺したくて仕方がないみたいだった。ほとんどヤケクソだった。

そんなとき、偶然（とは思えないが）、深見先生にお会いするチャンスに恵まれたのである。それまで、神の世界、魂の世界、想念の世界、超自然現象など、無形の世界は確かに存在するとは思っていたが、まさか現実に除霊を受けようとは思いもよらぬことであった。

しかし、僕の長い人生において初めて霊体験にふれ、除霊を受けたその晩から不思議なことにピタッと酒が止まったのである。これを奇跡といわずして何といったらよいのであろう。ただただ、神様と植松先生、深見先生に手を合わせるだけである。

そしてあの日以来、改心した僕は酒量もコントロールできるようになり、先生の許《もと》

で楽しい修業に励み続けているのはいうまでもない。しかし、生霊に悩まされたとはいえ、彼との交友において、僕自身もう少し誠意ある対応をすべきだったと反省している。

最近では、作る曲調もガラリと変わり、その後発売された『雨だれ』の暗さが懐しく思えるほど溌剌としている。しかし油断は禁物だ。ここで重要なのは、もともと僕は、あの薄気味悪い〝特大ミミズ〟の侵入を許す想念を持っていたのだということである。

すなわち、ここで想念転換を一八〇度余すところなく行う努力が必要だということだ。中途半端な状態でいれば、いつまたもとの状態に戻ってしまうかもしれない恐ろしさがあるのだ。

邪霊、動物霊をとっていただいただけで想念が著しく好転するというのは、少々ムシがよすぎはしないか。やはり本人の努力、クセとなっているものの考え方や習慣を直す修業が必要なのだ。神様も本人が精いっぱい人事を尽くしたときのみ、真にお働きくださるとのこと。ここが深見先生のお教えの素晴らしい点である。現界における人としての誠の道に根ざした弛まぬ精進がなければ、五次元・六次元の神様が差しのべた手にもふれることができないのだ。ちょうど、ひな鳥が孵《かえ》るとき、親鳥が外から卵の殻をつつき、ひな鳥が内から殻を懸命に破ろうとするように、この二つの力が合わさって、初めて新しい世界、素晴らしく限りなき大空へ飛び立つことができるのだ。

僕は、このことを心に銘記し、神様のお役に立つよう日夜励んでいきたいと思っている。そして植松先生、深見先生のことは、その学問教養の奥深さと広汎さ、および六大神通力をはじめとする世界レベルの神通力をほとんどすべてマスターされていながら、それを決して誇らず、絶えず誠実で愛のあるところが素晴らしいと思っている。

また、世界中から本当の神、仏、道を求めてくる人々に、堪能な語学力と芸術性を駆使され、霊的、理論的、知的に実践しながら説明されている姿を拝見する。そして、そのすべての方々が感動して帰っておられるのを見るにつけ、霊能力者や超能力者というよりは、日本が世界に誇りうる文化人、知識人のおひとりであると強く感じている次第である。

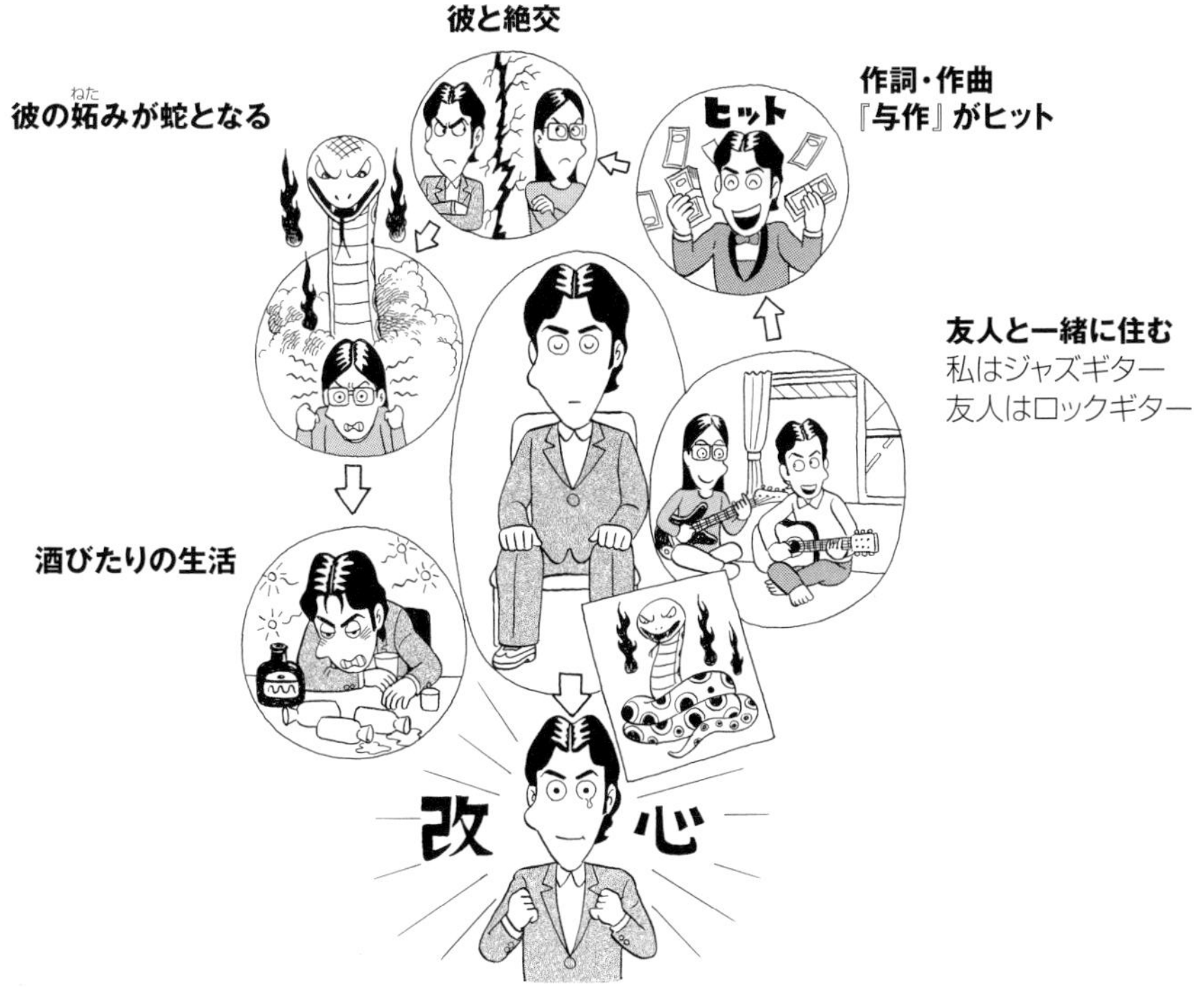
彼と絶交
作詞・作曲
『与作』がヒット
ヒット
彼の妬《ねた》みが蛇となる
友人と一緒に住む
私はジャズギター
友人はロックギター
酒びたりの生活
改心

霊界への門

死者は約五十日が過ぎると霊界への旅立ちとなる

この章では、人間が死んで肉体を脱いだあとのことについてお話ししよう。

人間は死ぬと、誰しも霊界に行くことになるのだが、みんながみんな死後すぐに霊界に行くわけではない。現世に未練を持っている人は火葬場に近づいたり、あるいは自分の家に入ってみたりと、霊界の入口をうろうろとさまようことになる。

しかし、このようにうろうろさまようのが許されるのは約五十日間だけ。五十日間が過ぎれば半ば強制的に幽界へ連れて行かれることになる。仏説によれば、死後七日間ずつ計七回の霊界の裁判所を経て、七七《しちしち》＝四十九日目にエンマ庁において最終的な裁きを受ける。初七日や四十九日の法要はそのためにある。

それでも頑固に行かないのが地縛霊であり浮遊霊である。これらを総称して一般に幽霊と呼んでいるが、幽霊とは霊界の法則に違反して化けて出る霊なのである。

こうして五十日が過ぎると、いよいよ霊界への旅立ちとなるが、直接霊界へ入るわけではなく、五十日を含む約三十年間は〝天《あめ》の八衢《やちまた》〟というところ、すなわち幽界で生活を送らなければならない。この期間は、それ以後数百年続く本当の霊界へ行くための準備期間であるといえよう。

そして、ここが大切なところなのだが、この期間中に生前に犯した罪を悔い改め、改心すれば、罪が軽減されるのである。つまり、本来なら地獄へ行かなくてはならない人でも、この期間中に心から改心すれば、中有霊界あたりへ行くことが許されるというわけだ。

三途の川は裁きの川である

さて、この〝天の八衢〟すなわち幽界の入口はどのようなところかというと、野原である。そしてこの野原をどこまでも歩いていくと、さらさらと流れる川にたどり着く。これが三途《さんず》の川である。

三十年間の〝天の八衢〟の生活は、三途の川を渡ってから始まる。ここで白装束に着替えさせられ、ザブザブと水の中を歩いて渡るわけであるが、この川は裁きの川でもある。渡っているうちにまっ白い着物が染色されるのだ。生前、善徳を積んだ人は紫色、罪深い人は赤黒い色、真心のあった人は青や紫色、金銭欲の強かった人はこげ茶や黒に染色される。

ここではごまかしが効かない。自分の潜在意識が知っているので、生前の生きざまがそのまま着物の色に表れてしまうのである。

こうして三途の川を渡り終えると、鬼がやって来て、着物の色別に分類する。分類されたあとは、エンマ大王との接見が待っている。生前、世のため人のために生きた人の場合は天国へ送られるが、罪状のある人ではこうはいかない。霊界の裁きには一切ごまかしは効かない。

このように、最終的に審判を受けて、それぞれの霊界へ行くことになるわけだが、霊界は天国から地獄まで、無数のランクに分かれている。

霊界の裁きには一切ごまかしが効かない

三途の川を渡るプロセス

川のほとりで白い着物に着替える

↓

川渡り開始

↓

白い着物がいろいろな色に染まる

- ·善徳を積んだ人→紫色
- ·罪深い人→赤黒い色
- ·真心のあった人→青や紫色
- ·金銭欲の強かった人→こげ茶や黒色

など

↓ ※三途の川は裁きの川

川を渡り終えると鬼がやってくる

↓

着物の色別に分類され、エンマ大王と接見

↓

それぞれの霊界へ送られる

霊界は天国から地獄までランクは無数!!

人間の死

約50日経過

三途《さんず》の川を渡る

頑固に行かない霊もあり、これを地縛霊、浮遊霊という

霊界の法則に違反

幽界へ

||

〝天《あめ》の八衢《やちまた》〟で幽界生活を送る
(約30年間)

※本当の霊界へ行くための準備期間

これが地獄界の実相だ！

地獄界は三つのランクからなる

まず、地獄界の実相からお話ししよう。

地獄界は非常に複雑になっている。具体的には、第一地獄、第二地獄、第三地獄の三つのランクからなり、それぞれがさらに十六段階くらいに分かれている。地獄界の一番下には、〝根底《ねそこ》の国〟という霊界がある。

また、除霊（救霊）をしていて発見したのであるが、〝喧嘩地獄〟という地獄もある。これは修羅道の一種である。生前、財産争いをして親戚と口論ばかりしていた人がいた。その人が死んだあと行った地獄がこの地獄である。手足を縛られたうえ棒にくくられ、道端に立たされる。すると、道を通る人々が口々に、

「バカ者！ 愚か者！ 死ね！ くそったれ！ おたんこなす！ 唐変木！」

と激しい口調で罵倒《ばとう》するのである。

地獄界は、というより霊界は、下へ行けば行くほど寒くなり、暗くなる。温かい空気は自然に上に行き、冷たい空気は下に行くのと同じ原理である。心の温かい人は上に行き、冷たい人は下に行く。心の明るい人は上に行き、暗い人は下に行く。これが霊界の法則である。

地獄界の様相はさまざま

そうした心の状態に比例して、第一地獄、第二地獄、第三地獄という段階がつくられるわけだ。これらは、天地創造以来もともとあったのではなく、人間たちが長い間にわたって、自らの悪しき想念と行いで形成してきてしまったものなのである。

そのなかにはお馴じみの〝焦熱地獄〟〝かまゆで地獄〟〝血の池地獄〟などがある。〝血の池地獄〟は女性関係が派手な人が入る地獄である。

〝くそだめ地獄〟というのもある。たとえば、ある庄屋さんが大勢の人を酷使《こくし》し、可能な限りの搾取《さくしゅ》をしたとする。すると、その報いとしてこの地獄に入ることになる。汚い話で恐縮だが、首から下はくそだめにつかってしまうのである。

また〝なまけ地獄〟というのもある。その名のとおり、なまけ者が行く地獄である。なまけ者は、本来あるべき天賦《てんぷ》の能力を努力して発揮しなかったということで、神道《しんとう》でいう「天津罪《あまつつみ》」にあたるため、この地獄に落とされるのである。ここでは、荷物を下から上へと運んで行き、上がりきったところで番人が、

「ごくろうさん」

と荷物を突き落とし、それをまた上まで運ぶという単純作業が永遠に繰り返される。

地獄の様相はさまざまで、いくら書いてもきりがないが、一つだけ追加したい。それは、心中した人が死後どうなるかということである。心中すると、二人は素っ裸で、しかも下半身がくっついたままでいるのである。ちょうど「シャム双生児」のような格好で、どこに行くにもこの格好なので、恥ずかしくてたまらない。心中などというのは、文字のなかで楽しむだけにしていただきたいものである。

非常に複雑な地獄界

三つのランクからなる地獄界

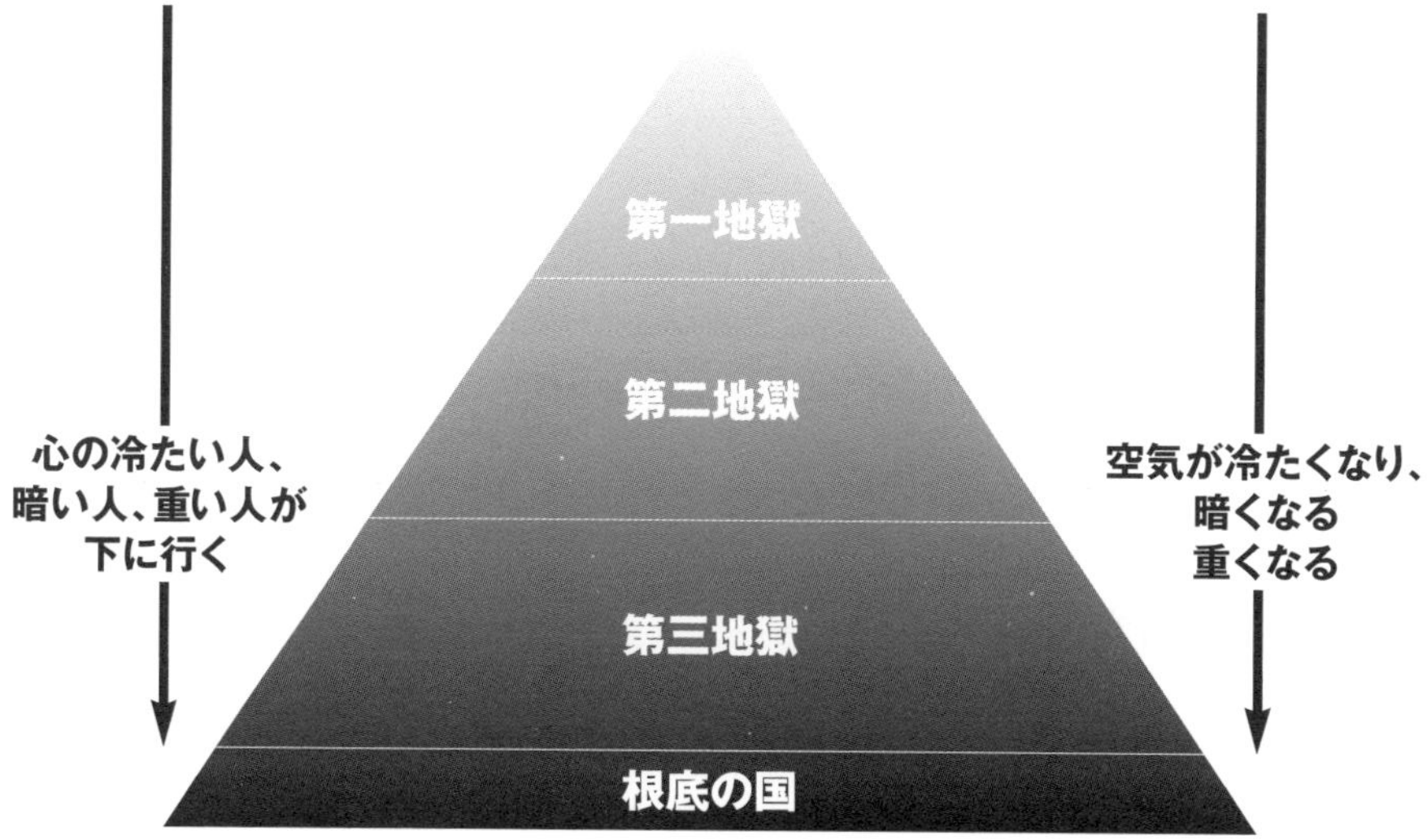
第一地獄
第二地獄
第三地獄
根底の国
心の冷たい人、暗い人、重い人が下に行く
空気が冷たくなり、暗くなる重くなる

地獄の様相はさまざま

- **喧嘩地獄＝**財産争いをして親戚と口論ばかりしていた人が行く地獄
- **焦熱地獄**
- **かまゆで地獄**
- **血の池地獄＝**女性関係が派手な人が入る地獄
- **くそだめ地獄＝**大勢の人を酷使《こくし》し、可能な限り搾取《さくしゅ》した人が入る地獄
- **なまけ地獄＝**なまけ者が行く地獄

など他にも多くの地獄あり

行く人が最も多い中有霊界

中有霊界は〝中流〟の人たちが住むところ

では次に、中有霊界のお話をしよう。

霊界は大きく分けて、下から地獄界、中有霊界、天国界とあり、中有霊界はちょうど中間の霊界である。一般に中有霊界という場合は、先程の幽界と同じ意味で使われることが多いが、ここでは中間に位置する霊界という意味で中有霊界と呼ぶことにする。

この中有霊界は、現実界にたとえるなら、中流階級の人たちが住むところである。ここではおおむね、普通の人間社会の生活が営まれる。現世の生活とほとんど同じである。本を書いている人もあれば、農業を営んでいる人もいる。あるいは漁業の人もいる。

中有霊界は、生前、とりたてて悪いことはしなかったが、良いこともしなかったという人が行く霊界であるが、ここも何段階かに分かれている。生前のプラス点とマイナス点を足し合わせるとほとんどゼロという人は、中有霊界のまん中に行き、プラス点が増えるに従って上段へ、マイナス点が増えるに従って下段へ行くことになる。そして、ある一定の基準以下になると、地獄行きとなるわけである。

その基準を劫《ごう》数で表せば、約一万五千劫以上であり、一億五千万劫以上になると、最下段の地獄界へ行くことになるのである。これは、私がエンマ大王に直接お聞きした点数表によるものである。

劫とは徳の逆であり、業《ごう》と書くこともある。また一劫は、罪なき人一人に冷水を浴びせて罵倒《ばとう》し、五、六回殴打したあげく、二、三回足蹴にする一回分の罪に匹敵する。これもエンマ大王に聞いたままをお伝えしているのである。

このようにご説明すると、

「俺は、それほどひどいことをした覚えがない。俺の劫数は少ないだろう」

と思われる方があろうが、永続的に、しかも大勢の人間を心的・体的・物質的に苦しめた場合は、劫数が飛躍的に加算されるのである。

中有霊界の人々は三百～四百年で現世に生まれ変わる

中有霊界の上段は、現実界でいえば上流社会である。食べ物、飲み物、住むところ、それぞれ豊かであり美しいが、天国ほどの豪華さはない。

これに対し中有霊界の下段は、現実界の下流社会に匹敵し、労働の割に報酬が少なく、食べ物、飲み物の量も少なく、品も粗悪である。そして、下に行くほど肉体労働の要素が多くなる。街で見かける浮浪者のような格好をしている者がいるのも、この中有霊界の下段である。

ところで、人数という点からいえば、当然のことながらこの中有霊界へ行く人が最も多い。そして、ここへ行った人はだいたい三百年から四百年過ぎると、現世に生まれ変わるのである。この生まれ変わりについては、機会を改めて詳しくご説明したいと思っている。

霊界の中間に位置する中有霊界

霊界の仕組み

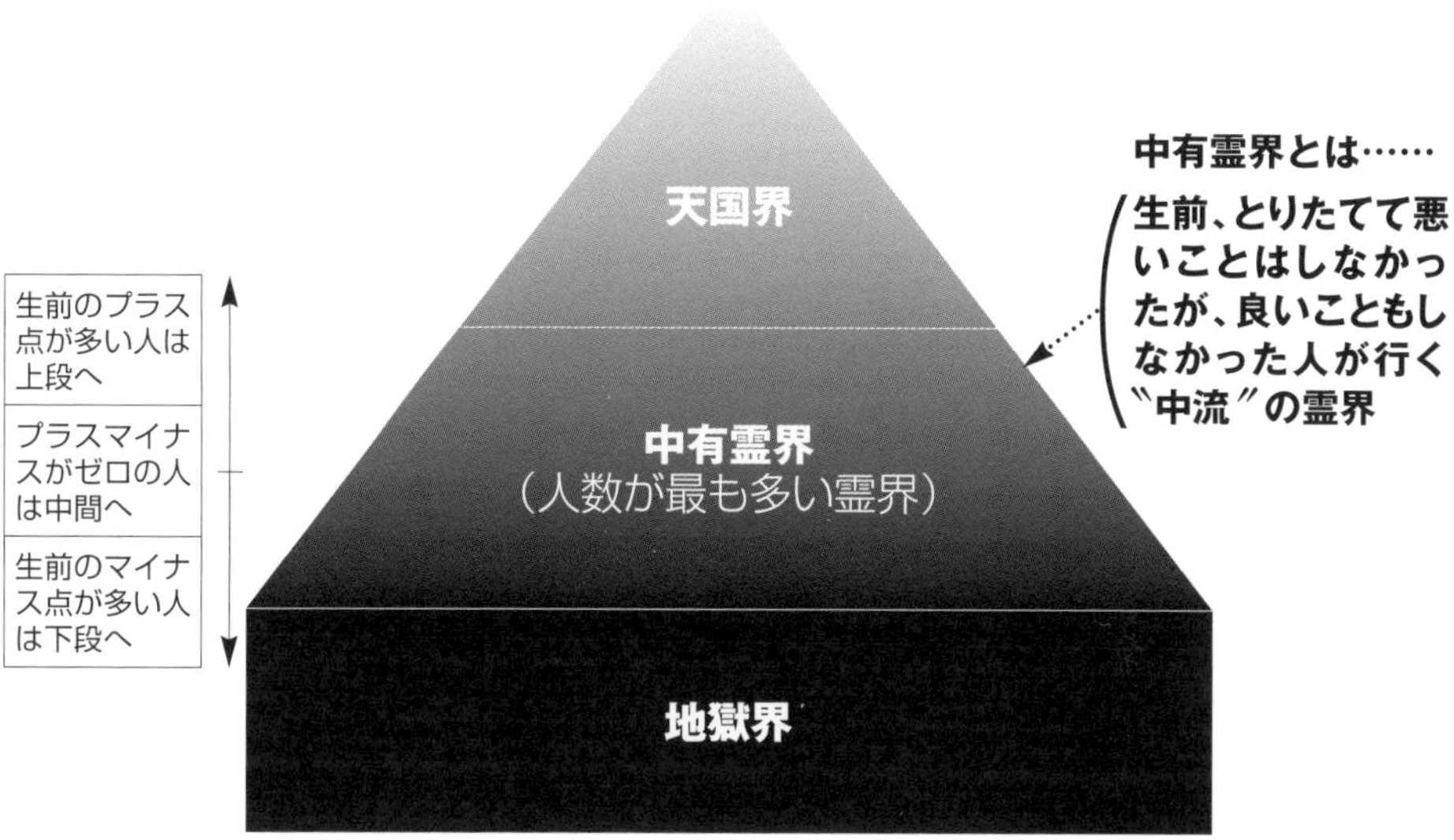
天国界
中有霊界
（人数が最も多い霊界）
地獄界
生前のプラス点が多い人は上段へ
プラスマイナスがゼロの人は中間へ
生前のマイナス点が多い人は下段へ
中有霊界とは……
生前、とりたてて悪いことはしなかったが、良いこともしなかった人が行く〝中流〟の霊界

中有霊界の様相

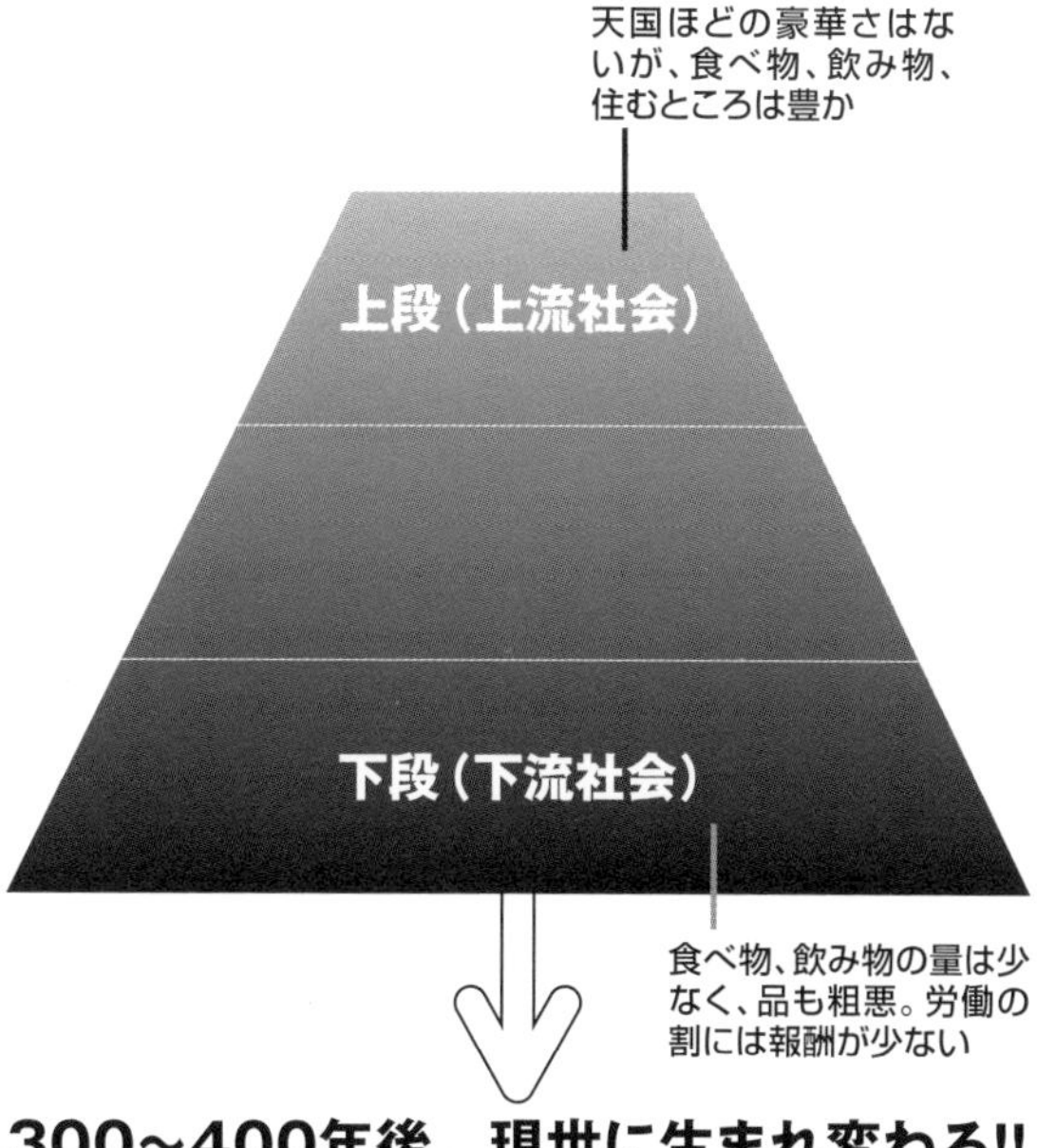
天国ほどの豪華さはないが、食べ物、飲み物、住むところは豊か
上段（上流社会）
下段（下流社会）
食べ物、飲み物の量は少なく、品も粗悪。労働の割には報酬が少ない

300～400年後、現世に生まれ変わる!!

どこの霊界に行くのかを決めるのは劫数と徳数

劫《ごう》 ←→ 徳

一劫の目安とは

①罪なき人一人に冷水を浴びせて罵倒《ばとう》し、
②五、六回殴打し、
③二、三回足蹴にする
罪に匹敵

※永続的に、大勢の人間を心的、体的、物質的に苦しめた場合は劫数が飛躍的に加算される

徳が導く天国界の実相

天国界も大きく三つに分かれている

天国界の話をしよう。

天国界も第一天国、第二天国、第三天国の三つに大きく分かれている。もちろん、厳密にいえばもっと細かく分かれているが、大きくはこの三つに分類できる。第一天国が最も高い霊界で、第三天国は最上階の中有霊界のすぐ上にある霊界である。

第三天国は、世のため人のために尽くした人が行く霊界である。そこには太陽が輝いていて、住む人も皆立派で、自分の功績を自慢するような人は一人もいない。人々は、ただ感謝感謝の心で生きている。たいへん慎み深く、もちろん争ったりはしない。

第二天国は、信仰の道を至純に全うした人が行く霊界である。汚い服を着ていてもいい。地位や名誉がなくてもいい。苦労をとおして神への誠を全うし、至誠至純の真心を、口と心と行いで貫きとおした僧侶やクリスチャンのような人が行く霊界である。

信仰とは、ただ信じていればそれでいいというわけではない。体施、物施、法施を実践して真理を探求し、身の内の神なるものを実践しなければ、本当の信仰とはいえない。もちろん、僧侶や神父、牧師以外の一般人でも、この世界の法則にかなっていれば、誰でも第二天国へ行くことができる。第二天国は、慈善事業を行っただけの人が集まる第三天国よりもワンランク上に位置している。

第一天国へ行くためには天、地、人の徳の積み重ねが必要

そして、第二天国のもうワンランク上にあるのが第一天国である。ここは人間界最高の霊界で、信仰心に篤く、しかも地位や名誉や財産を持った人が行くのである。ただ地位や名誉や財産を持っているというだけではここには入れない。至純な信仰心に基づいて、たくさんの財産を世の中に還元し、地位や名誉を活用して世のため人のために尽くしていなければならないのである。

また、信仰心だけでも第一天国には入れない。信仰心とともに、社会的地位、名誉、富がそろって初めて、第一天国に入れるのである。つまり、天、地、人の徳がある程度バランスよく完成されていなければならないというわけだ。天に愛され、人に愛され、物質にも恵まれるという、ある一定以上の徳の積み重ねが必要なのである。

第一天国に入れる基準を功数《こうすう》で表せば、最低でも一億五千万功の徳（功候《こうこう》）が必要となる。ついでにいうなら第二天国は、最低百五十万功の徳、第三天国は最低十五万功の徳がなければ入れない。一功とは、寝たきり老人を三日間徹夜で看病し、衣服や食べ物、飲み物を与えた行為に匹敵する。

以上をまとめてみよう。第三天国は、信仰心は薄くても世のため人のために尽くした人、第二天国は、信仰一途に生きた人、第一天国は、その両方を兼ね備えた人が行くところだといえるだろう。

徳の積み重ねが天国界での必要条件

天国界も三段階

こんな人が住んでいる

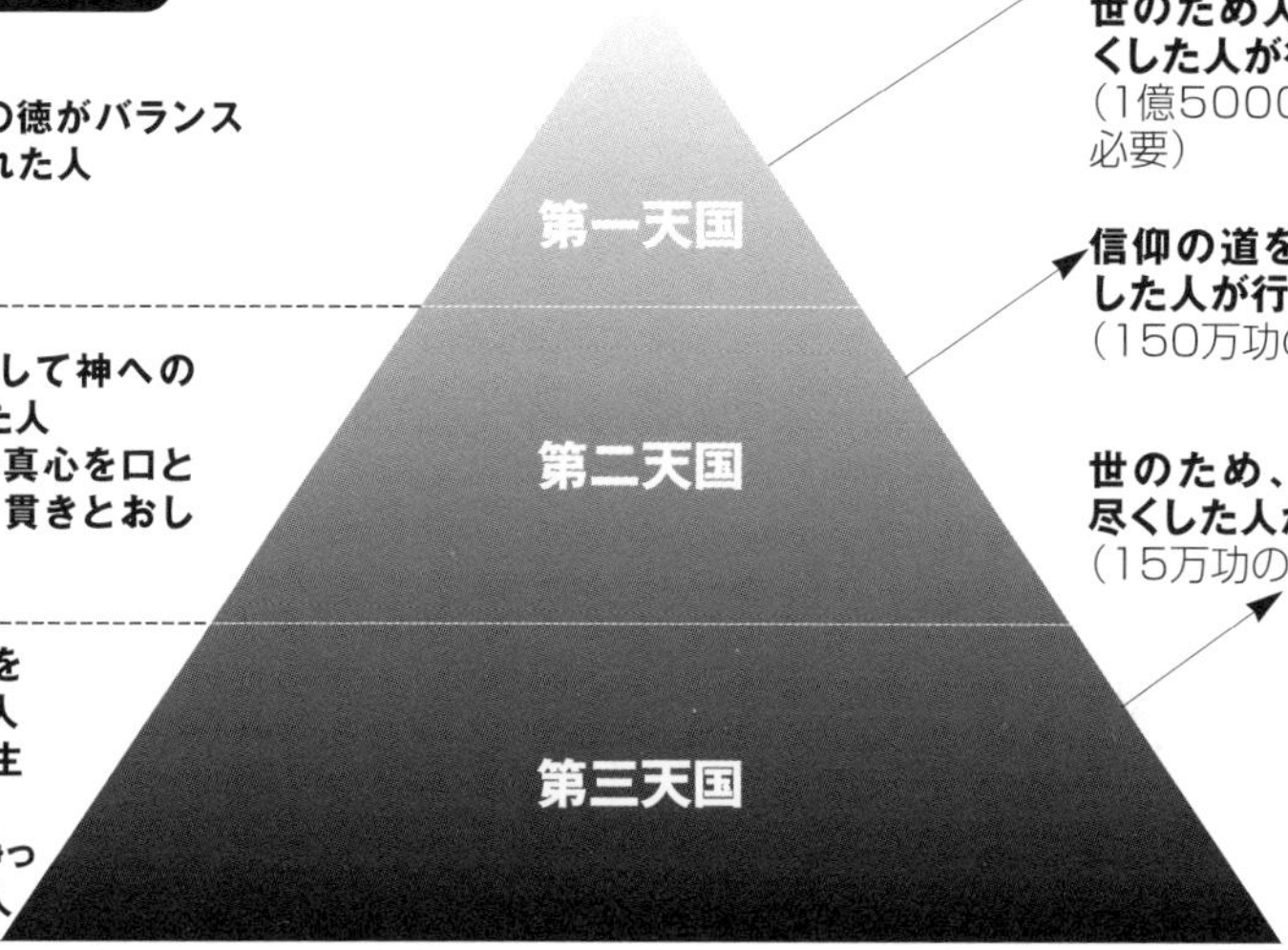

第一天国

- 天、地、人の徳がバランスよく完成された人

信仰心に篤く、地位や名誉や財産を持ち、それを世のため人のために尽くした人が行く霊界
（1億5000万功の徳が必要）

第二天国

- 苦労をとおして神への誠を全うした人
- 至誠至純の真心を口と心と行いで貫きとおした人

信仰の道を至純に全うした人が行く霊界
（150万功の徳が必要）

第三天国

- 自分の功績を自慢しない人
- 感謝の心で生きている人
- 慎み深く、争ったりしない人

世のため、人のために尽くした人が行く霊界
（15万功の徳が必要）

第一天国へ行く人

信仰心と地位、名誉、財産を兼備

第一天国に入れる基準を決めるのは功数《こうすう》

功＝徳

一功の目安とは

①寝たきり老人を三日間徹夜で看病し、
②衣服や食べ物、飲み物を与える
に匹敵する

地獄からの救済

地獄にいる期間を短くする方法が三つある

死後の世界の話をすると、「天国界へ行っている人は幸せだからいいけど、地獄に落ちている人をどうにかできないものでしょうか」という質問をよく受ける。そこで、簡単にお話ししよう。

生前、悪業を重ねると死後、地獄へ落ちる。この場合、その所業によって八百年間とか無期懲役とかが命じられるのだが、その間は先にあげた〝血の池地獄〟や〝焦熱地獄〟〝八《はち》寒《かん》地獄〟などで、よくもまあこれだけ考えたものだと思えるような、さまざまな責めを受けることになる。

これらの地獄で呻吟《しんぎん》する霊たちをどうにか救うことはできないのかということだが、実はできるのである。期間を短縮してもらうのだが、一つは、子孫たちが徳を積むことによって〝刑期〟を短縮してもらうもの。神仏に寄進したり、神社を修復したり、人を助けたり、一身を神仏に捧げたり、つまり体施、物施、法施をするわけである。

二番目の方法は、地獄にいる本人が改心することである。本人が改心することによっても刑期は短縮されるのである。とはいっても、口先だけの改心ではダメ。口と心と行いのすべてが改まったとき、初めて改心したと認められるのである。

しかし、地獄界にいる誰もが改心できるわけではない。それは、罪を犯したとはいえ、生前ある程度の徳行に覚《めざ》めた人であり、学問や信仰の基礎を持ち、少なくとも「悟る」ということを覚えた人である。

主神は大慈大悲の大御心を持つ

三番目の方法は、恩赦《おんしゃ》、特赦《とくしゃ》である。この世でも、皇室の慶事や重要な国家行事があるときに恩赦、特赦が行われるように、地獄界でも恩赦、特赦が行われる。まず特赦から説明しよう。

大きな時代の変動期ともなれば、善にも悪にも強く、現実界に大きな霊的影響力を発揮する霊の働きが必要となる。もちろん、天国界などの高級霊界にいる霊も働くことは働くが、これらの高級霊は清くはあっても、ときとして弱々しく、パワー不足であることが多い。そこで神様が、一つの時代を動かしてきたパワーのある霊を地獄界から選び、特別任務を与えて〝仮出獄〟させるのである。いわば償いのチャンスを与えるのである。そうすることが、現実界に生きる人々のためでもあるからだ。

また恩赦とは、ひと言でいうなら救済除霊である。つまり、特別な霊的使命をもって生まれてきている私や霊能者と呼ばれている人を介して、神仏が除霊や霊的救済によって罪を許し、霊を救済されることである。

以上の三つのパターンをお話ししたが、これからうかがえることは、主神はあくまでも大慈大悲の大御心を持っておられるということである。どんなに厳しい霊界規則をお定めになられても、その御本心は、どのような霊でもなんとかして救ってやりたいという親心なのである。

地獄からの救済を受けるためには

地獄にいる期間を短縮する三つの方法

1. 子孫たちが徳を積む
2. 地獄にいる本人が改心する
3. 恩赦《おんしゃ》、特赦《とくしゃ》

主神《すしん》はどのような霊でもなんとかして救ってあげたいという大御心《おおみこころ》を持つ

❶ 子孫たちが徳を積む

子孫たちが
①神仏に寄進
②神社を修復
③人を助ける
④一身を神仏に捧げる
など

↓

功績が地獄に届けられる
「お前の子孫はよくやった」

↓

恩恵が施され、期間短縮

❷ 本人が改心する

（口 心 行い）**すべてが改まる**

↓

本物の改心

↓

神様は霊界の長を呼んで〝仮出所〟の許可を与える

↓

期間短縮

❸ 恩赦、特赦

神様が一つの時代を動かしてきたパワーのある霊を地獄界から選出

↓

特別任務を与えて
〝仮出獄〟

↓

特赦

私のような霊的使命を持って生まれてきた人を介して

↓

除霊や霊的救済によって神仏が罪を許す

↓

恩赦

世につれ変化する霊界

霊界と現界は表裏一体

これまで、霊界のことについてさまざまに述べてきたが、これらは私一人で解明したわけではない。最初に述べたように、その根本となるところは、わが師・植松愛子先生が示唆してくださったのである。植松先生はこう語られた。

「霊界と現界は表裏一体であり、神界はまったく別の世界にある。そして、現界にあることはすべて霊界にあり、霊界にあることはすべて現界にある。霊界は、苦しみも楽しみも、すべてこの世と同じ仕組みになっているのよ」

この言葉をヒントに私は研究を深めたのだが、まさに先生のおっしゃるとおり。簡単な言葉に含まれる真理に、改めて驚嘆させられた次第である。先生のおっしゃった内容は、いまだかつて誰も解けなかったことである。

霊界も刻一刻と広がり、新しい霊界が形成されている

最後に申し上げるが、宇宙は刻一刻広がりつつあり、また人間社会や文明も刻一刻進歩していることはご承知のことと思う。しかし、霊界もまた刻一刻広がりつつあり、新しい霊界がどんどん形成されていることは、あまり知られていない。

私が見た限りでは、植松先生がおっしゃる如く、この世の中の移り変わりと同じように、霊界の食事や着物、建物なども次々と変化している。地獄の状態や責め方なども、激しくモデルチェンジしている。つまり、昔の人には辛いことと思われても、今の人は辛く思わなくなったような責め方は廃棄され、新しい方法が採用されているのである。

反対に、昔の人にとって楽しみであり喜びであったことでも、今の人にとっては楽しいことではなくなったものもある。たとえば「けまり」や「連歌会」「和歌を詠む」「やぶさめで殿様からほめられる」「きんらんどんすの着物を着せてもらう」ということなどであるが、これらは現代人にとって面倒臭い一種のお行となってしまって、決して楽しいことではなくなっている。

それゆえ、現代人の行く天国では、一流ホテルで食事をし、きれいなドレスを着て、高級車に乗り、ヨットでコーラを飲んでいるのである。このように、現代の極楽生活そのままが霊界でも行われるのである。

古い仏教知識やスウェーデンボルグなどの著書にしがみついて、ホットな霊界情報を知らない人が多い。

そこで私は、天国生活に希望を持って、人として前向きな努力をしていただきたいため、「誰でも行ける高級霊界旅行」と銘打って、真実の霊界探訪を皆様にお勧めしている。

私が先達をして、自由自在によき霊界へ案内するのである。これについては、『強運』や『強運ノート』（ともに、たちばな出版刊）に詳しいので、興味のある方はぜひご一読いただきたい。

霊界はすべてこの世と同じ仕組み

刻一刻とモデルチェンジ

お勧め!!
「誰でも行ける高級霊界旅行」
真実の霊界探訪をあなたもしてみませんか?

死の"因縁"を切った清水次郎長の功徳

悪因縁は自分自身の努力と精進で切ることができる

これまで、人間を病気や不幸に導く因縁霊とその除霊について述べてきたが、本章では、自分で悪因縁を切る方法について少しご説明しよう。

悪因縁とは最近では、仏説の深い含意より"運がよくない原因"を総称していう場合が多い。その悪因縁を切るには除霊（救霊）を受けるのが一番手っ取り早いが、他人の手によらずとも、自分自身の努力と精進で切ることができるのである。

さて、その方法だが、仏教徒などはよく「因縁が深いから」といって、お経をあげたり何千日の行を行う。以前、私が鑑定した人にその行を完遂した人があったが、因縁のどれ一つとして取れているものはなかった。因縁、すなわち前世、今世の悪業の総決算は、お経をあげたり行を積んだり、あるいは呪文を唱えるだけで清算されるわけがないのである。

では、まったく無意味だったかといえば、そうではない。御仏にすがり、願を発して精進をやり通した志は善であり、守護霊はちゃんとその誠を受け取っておられたのである。先の人も満行の直後、守護神の許しを受けて、より高級な守護霊に交替されていたことを付言しておく。

徳を積むことで死の因縁を切る

では、自分自身で因縁を切るにはどうすればいいのであろうか。過去、自分自身で見事に因縁を切った人物がいるので、ここでその人にまつわる話を紹介しよう。

その人物とは山本長五郎。別名を清水次郎長という。

一人の修業僧が清水を訪れたときのことである。子分を連れた次郎長に町で出会い、こう告げた。

「あなたの顔には死相が表れている。おそらく、一年以内に死ぬであろう」

見も知らない坊さんから突然、縁起でもないことを言われた次郎長、一瞬腹を立てたものの、素直にそのお告げを信じたのであった。

「寿命が近づいているのなら仕方ない。どうせ死ぬなら、世のため人のためになることをしてから死のう」

と、ご先祖からいただいた田地田畑を売り払い、地域の人々のために役立てたのである。

こうして、いつ死んでも思い残すことはないと死期を静かに待っていた。が、それどころか、かえって前より元気になった。

しばらくして先の修業僧が再び清水にやって来たので、お告げの一年が過ぎても死なない、二年たっても死ぬ気配すらないと言うと、

「あなたは私と会って半年くらいしてから、何か変わったことをしませんでしたか」

と聞く。次郎長が田畑を売り払ったことをありのままに伝えると、

「なるほど、それでわかった。あなたはそうやって、先祖代々の財産を全部捨てて人々に尽くし、徳を積まれたから、死相が消えたのです」

それを聞いた次郎長は、自分の行いにより天から寿命をもらったことを深く感謝し、歴史に名を残すほどの大人物に成長していったのである。

悪因縁を自分自身で切る方法：清水次郎長に学ぶ

清水を訪れていた修業僧と出会う

僧は次郎長の顔を見て告げた
「あなたの顔には死相があらわれている。
一年以内に死ぬだろう」

次郎長、そのお告げを素直に信じる
「世のため、人のためになることをしてから
死のう」

田地田畑を売り払い
地域のために役立てた

「いつ死んでも思い残すことなし」
次郎長、死期を静かに待つ

一年たっても二年たっても死ぬ気配なし

修業僧が再び清水へ

「ワシは死ぬどころか、
このとおりピンピンしているぜ」

田畑を売り払ったことを伝える

「徳を積まれたから、死相が消えたのです」

悪因縁を切ることに成功!!

因縁を切るには徳を積むことが大切

人のために具体的に尽くす——これが徳を積むこと

おわかりいただけたであろうか。因縁を切るには徳を積むことが大切なのである。人のために具体的に尽くすこと、これが肝心である。

宇宙がすべて陰と陽からできているように、徳も陰徳《いんとく》と陽徳《ようとく》とに分けられる。陰徳とはすなわち、人が見ていないところで行う善行を意味し、陽徳とは見聞することができる善行を意味する。徳を積むには体施《たいせ》、物施《ぶっせ》、施《せ》、法施《はっせ》の三つの方法がある。体施とは体で奉仕すること。ボランティア活動などがこれに当たる。物施は物を施すこと。献金、寄付などがこれである。法施とは、神仏の教えを宣《の》べ伝え、立派な教育を施すことをいう。これらの方法で徳を積むことで、悪因縁は少しずつ晴れてくるのである。だが、徳を積むにも注意しなければならないことがある。

かつて、まぶたが閉じてしまう奇病を患っている方が私のところに見えたことがあった。霊視してみると、

「こんなはずじゃない。こんなはずじゃない」

と、まっ暗闇の中でさまよっているお婆さんの姿が見えた。生前は体施、物施、法施を徹底する宗教、天理教の熱心な信徒であったこのお婆さん、当然、死んだら極楽浄土に行けると思っていた。ところが、行った先はまっ暗闇……。この世でもあの世でもよく暮らしたいという心、つまり過度の〝自分が救われたい〟という欲望の想念で体施、物施、法施を行っていたのである。

〝われよし〟の心はまっ暗、あくまでも世のため人のため

霊界とは本来神が裁くものではない、自分が自分を裁くのである。つまり、自分の想念に相応した霊界へ行くのだ。〝われよし〟の心はまっ暗である。だからお婆さんはまっ暗な霊界に行ってしまったのである。

動機と想念のあり方が間違っていては、せっかくの体施、物施、法施も水の泡。あくまでも世のため人のためという気持ちで行わなければ、徳を積んだことにはならない。

では、因縁を切るために厳しい修業を積んでいる行者さんは、どんな霊界にいるのだろうか。確かに行を積んでいるが、それは「因縁を切らねば・な・ら・ぬ」という使命感から発するもので、行を積まんがために積んでいるのである。つまり、修業自体の行為に執心しているわけだ。

そこには愛がなく、悲愴感が漂う。悲愴感は暗い。自ら発する想念と、行をやり遂げようとする妄執の黒雲が、暗黒霊界を形成する。因縁を切るために行を積みながら、ますます暗い世界へ行く。極楽浄土に行く近道は、現世世界とかけ離れたところにあると考えているのではないか。だから彼らは人里離れた山中で行を積み、悟りを開こうとするのである。

しかし、極楽浄土は山の中にあるのではなく、現実世界に生きる人々の心中に内在する。生きている人間の心の世界が浄土にならなければ、死んでから浄土へ行くことはできない。これが弘法大師の説く即身成仏であり、娑婆即浄土の妙諦《みょうてい》である。

徳を積めば、悪因縁は少しずつ晴れてくる

徳を積む三つの方法

1 体施《たいせ》＝体で奉仕すること（ボランティア活動など）

2 物施《ぶっせ》＝物を施すこと（献金、寄付など）

3 法施《ほっせ》＝神仏の教えを宣《の》べ伝えること（教育など）

人のために具体的に尽くすことが肝心

徳を積む際の注意点

因縁を切るために厳しい修業を積んでいる行者さんの例

厳しい行を積む
←「因縁を切らねばならぬ」という使命感
←修業自体の行為に執心（愛がなく、悲愴感漂う）＝暗い
←妄執の黒雲が暗黒霊界を形成
←**ますます暗い世界へ**

自分の心を娑婆即浄土に

執着する思いを捨て明るいほうへ考える

　では、どうしたら一般の人々が娑婆即浄土になるのかというと、それにはまず、何事も明るく考えるように想念を転換する必要がある。物事を明るいほうへ明るいほうへ考え、くよくよしなければ霊界は明るくなる。反対になんでも暗く考えれば、霊界もそのとおり暗くなり、娑婆即地獄となる。

　さらに、娑婆即浄土にするためには、いろいろな思いを捨てなければならない。地位、名誉、権力、家族、恋、男性、金、仕事、怨み、などなど。これらに執着する思いがあるから心が重いのである。重いから下に落ちて、地獄に行くのである。

　娑婆即浄土にしようと思ったら、まず慈悲の心、あたたかい愛の心を持つこと。次に明るい心を持つこと。三つ目は、物事に対する執着心をなくし、さっぱり軽やかで重みのない心になること。この三つの心が必要である。この三つの心を体得しなければ、決して極楽に行くことはできない。逆にいえば、これさえ体得していれば、誰でも必ず極楽へ行けるということである。

　修業をするにしても何をするにしても、明るく前向きに取り組む心、世の中がよくなってほしいという慈悲の心、きっとよくなるだろうというプラスの想念を持ち、執着心を捨てれば、娑婆即浄土とすることができる。このように、娑婆即浄土の人となって初めて因縁が切れ、因果が晴れるのである。

想念をプラスに転換することが最も重要

　以上は基本霊界法則である。体施、物施、法施といっても、霊界法則に照らして行わなければ意味がない。くり返しになるが、「因縁を切ろう」とお経をあげても切れるものではない。自分の心を娑婆即浄土にしたとき、初めて悪因縁が切れるのである。

　何事も愛の心をもって、明るくプラスになるように受け止めていれば、悪因縁もいつしか切れてくる。反対に、なんでも暗く、そしてマイナスにとらえ、物事にこだわっていれば、その想念と同じような霊が憑き、ますます霊障因縁が深くなる。

　このような人はいくら除霊しても、マイナスの想念の霊波を出しているので、すぐまた邪霊・悪霊が憑くようになってしまう。だから悪因縁を断ち切り、運勢をよくしようと思うならば、想念をプラスに変えなければならない。ところが、想念転換は一朝一夕にできるものではない。なぜなら、マイナスに引っ張る強い霊が憑依しているからであり、長年の考え方のクセになってしまっているからである。さらに、蓄積された家伝の霊障を余儀なく受けている場合があるので、とりあえずこれは除去しなければならない。これが除霊（救霊）である。

「一度除霊してもらえば、もう何もすることはない」

　と考えている人がいるようだが、これはとんでもない間違い。除霊を受けたあと、いかに想念を転換するか、これが最も重要なのである。

想念を転換して娑婆即浄土にする

想念転換が最も重要

想念

何ごとも暗く考える
↓
霊界が暗くなる
⇩
娑婆即地獄

物ごとを明るいほうへ考える
↓
霊界が明るくなる
⇩
娑婆即浄土

娑婆即浄土にするための三つの心

①慈悲の心、あたたかい愛の心
②明るい心
③執着心をなくし、軽やかで重みのない心

⇩

体得できたら

↓

極楽に行く!!

娑婆即地獄　　娑婆即浄土

守護霊は誰にでもついている！

救霊で背後の霊界を浄めれば守護霊は一層働きやすい

これまで除霊に関する話を中心にご説明してきたが、最後に守護霊のことについて説明しよう。

とはいっても、守護霊の内容は実に膨大で、これをまとめるだけで一冊の本となってしまうほど。そこで、ここではその概略を述べるにとどめたい。（守護霊や背後霊についてもっと知りたい人は、『背後霊入門』―深見東州著、たちばな出版刊に詳しい）

守護霊は、およそ人間である限り誰にでもついている。ついているといっても、邪霊や悪霊のように霊障をもたらすためにではなく、私たち人間を幸せに導くためについているのである。文字どおり、守護するためについているのである。このように書くと、

「そんなの信じられない。守護霊っていうのが俺を守ってくれているなら、どうして俺の人生はこんなにも悲惨になるのだ。病気、失業、貧困……。これはいったい、どういうことなんだ」

とおっしゃる方があるかもしれない。そういう気持ちもわからないではない。たしかに、運勢が悪ければ守護霊の存在を信じられなくなってしまうかもしれない。だがしかし、守護霊は厳然として存在するのである。

運勢が悪くても守護霊は厳然と存在する

ではなぜ、守護霊が守っているにもかかわらず、悲惨な人生を辿《たど》る人があるのであろうか。それは、霊障と前世のカルマ（業）、そして家代々のカルマがあるからである。

これまで述べてきたように、いくら守護霊といえども、邪霊、悪霊が憑依していては、その持てる力を余すところなく発揮することはできない。それはちょうど、暗雲に遮《さえぎ》られた太陽のようなものである。暗雲がたちこめているときは、太陽の存在そのものさえ信じられなくなる。それと同じである。

だからこそ私は、守護霊のお話をする前に、まず除霊（救霊）について説明したのである。除霊（救霊）をして背後の霊界を浄めれば、守護霊は一層働きやすくなる。

しかも、人間の側が、自分を守っている守護霊の名前を知れば、その働きは飛躍的に大きくなる。

また私たち人間にとっても、自分の守護霊がどのような方であり、何代前の何という人なのかがわかれば、大きな励みになる。さらには人生の指針を得られるかもしれない。

そこで、守護霊について説明しようというわけである。自分の守護霊を知って人生を大きく飛躍させるコツ、守護霊に大きく働いてもらうコツ、守護霊と交信、交流するコツなどについて説明しよう。

守護霊は人を幸せに導くためについている

守護霊の働きとは——

運勢の悪い人

⇐ 霊障、前世のカルマ、家代々のカルマがある

⇐ 守護霊が持てる力を発揮できない

⇐ 救霊をして背後の霊界を浄める

⇐ 守護霊が働きやすくなる

運勢のいい人

＝

守護霊がよく働く

※守護霊や背後霊についてもっと知りたい人は、『背後霊入門』（深見東州著、たちばな出版刊）を参照。

守護霊は正しい現世修業ができるよう指導

守護霊はチーフ背後霊

守護霊。ひと言で表現すれば、私たちの身近にいつもいて、正しい現世修業ができるよう、こと細かに指導、守護してくださる霊、ということができるだろう。

普通、私たちの背後には何人かの背後霊がついていて、守護してくれているのだが、その代表格が守護霊である。いわば、背後霊団の窓口であり、チーフ背後霊であるわけだ。

一般に十代以上前の霊格の高い先祖霊が守護霊となる。霊格が高いとは、生前、修業を積んで学問を修め、道を極めて徳を養い、死後、霊界の高いところにいるという意味である。だいたい第二、第三天国あたりにいる方が多いようだ。

したがって、僧侶、神官、行者、学者などが守護霊となっていることが多い。

「我が家の先祖に、そんな立派な人がいるのだろうか」

と、ご心配する向きもあろうかと思うが、心配ご無用。十数代もさかのぼれば、父方母方両家系で先祖の数はそれこそ数えきれないほどになる。そのなかには必ずや立派な人が一人や二人はいるものである。

守護霊は努力の方向を必要最小限だけ教える

このように、先祖霊のなかでも特に格の高い霊が、私たち一人ひとりに密着して守護しているわけで、守護霊はいわば私たちの個人教授といえよう。ことあるごとに進むべき道を教え、アドバイスを与える。

しかし、守護霊はなんでもかんでも教えるわけではない。人として努力する方向を、必要最小限だけ教えるのである。よく、

「私には立派な守護霊がついていて、毎日のように耳元で囁《ささや》き、いろいろなことを教えてくれる」

などという人がいるが、こういうのは守護霊ではない。狐か狸のしわざである。

正神界にいる守護霊は、決して人間界に必要以上に干渉することはない。ただ、御魂を向上させるための努力の方向性を教えるだけである。あたかも立派な父母が子供を教育するように。

あまり教えすぎると、人間は努力しなくなってしまう。教育者としての守護霊の最大の眼目は、人間として正しい道を歩ませること、努力させることにある。それゆえ、あまり口をはさまないのである。

いろいろなことを囁き、さまざまなことを見せてくれる霊がついているようだったら、疑ってかかるべきである。

とまれ、このように私たち一人ひとりに守護霊がついて守り導いてくれているわけだが、守護霊といえども、元は人間。私たちと同じような感情をもっている。いくら守護し導いても、当の本人がそれを感謝するどころか、その存在さえ知らなかったらどうであろうか。逆に、朝な夕なに守護霊を拝し、その守護の導きを感謝したらどうであろう。結果は明々白々であろう。

守護霊は私たちの個人教授

守護霊はチーフ背後霊

守護霊

⇐ 身近にいつもいて、正しく細かく指導

⇐ 何人かの背後霊の代表格

⇐ 十代以上前の霊格の高い先祖霊

（僧侶、神官、行者、学者など）

守護霊の最大の眼目は――

進むべき道を教え、アドバイス

⇐ 何でもかんでも教えるのではなく、努力の方向を必要最小限だけ教える

⇐ 人間として正しい道を歩ませ、努力させること!!

守護霊のマツ毛、ホクロまで見える

私の行う守護霊描写

しかし、私たち人間の側にすれば、感謝しようにも守護霊がなんという名前のどんな方であるのかがわからなければ、なかなか心が向かないのもまた事実。もちろん、名前がわからなくても守護霊の存在を認識して、気持ちを誠にして向かえば必ずや応えてくださるものであるが、名前がわかればそれに越したことはない。

それゆえ私は、より明確に守護霊を認識して、基礎レベルの神人合一《しんじんごういつ》の妙境を体得していただくため、神気、霊気までも厳密に映し出す守護霊描写を行っているのである。

その方法は、霊感を持った昔の仏師や絵師がご本尊を描き出したのに似ている。

俗に、「観世音菩薩《かんぜおんぼさつ》作、観世音菩薩像」というのがある。もちろん、仏像を彫るのは仏師であるが、その仏師は、「自分が彫るのではない。彫らせていただくのだ」という気持ちでノミをとる。すると観世音菩薩ご自身が仏師の手を通して、かの神々《こうごう》しいお姿を徐々に現されるのである。ゆえに、そのようにしてできあがった観世音菩薩像は、仏師が謙虚に「観世音菩薩作、観世音菩薩像」と表記するわけである。

中国では昔から、千山《せんざん》というところで扶拈《ふうち》というのが行われてきた。神霊に身を委ねた二人の男性が、手にもった算《さん》木で砂の上に神旨である文字を書き表すのである。すなわち、高級自動書記の秘法である。現代でも台湾の道院紅卍字会《どういんこうまんじかい》というところでこの自動書記の秘法を行っており、神聖な書画壇《しょがだん》という場に、やや現実世界に近い聖霊などが降りて来て、自動書記で書画を描いている。

この書画壇や扶拈の方法を、日常いつどこででもできるようにしたのが私の守護霊描写である。

守護霊描写は除霊してから行う

ただし、日常いつどこででも守護霊描写をするということは、それだけ多くの魔が入りやすく、また雑霊にごまかされやすいので、この点には十分気をつけなければならない。また、当人に霊障や邪気などが多く憑いている場合があるので、除霊してから行うのを基本としている。

このようなわけで、守護霊描写を行う際は八十パーセントを書画壇のように自然無意識トランス状態とし、二十パーセントは顕在意識を残して、法と理と文面と自己の霊感によって完全な審神《さにわ》をしてから、ひとつひとつを完成させていくのである。

ところで、世に守護霊が見えるという霊能者は多い。

「あなたには立派な守護霊がついていますよ。光り輝いていて、お顔がよく見えないくらいです」

という霊能者もままある。しかし、はっきり言ってこのような霊能者はあまり霊格が高いとはいえない。光り輝いていてまぶしいというのは、その守護霊より低い霊層にいるからで、高い霊層にいれば決してそんなことはなく、マツ毛の一本一本、ホクロのひとつひとつまではっきり見ることができるのである。

守護霊の存在をより明確に認識

私の行う守護霊描写

・80%を自然無意識トランス状態

・20%は顕在意識を残す

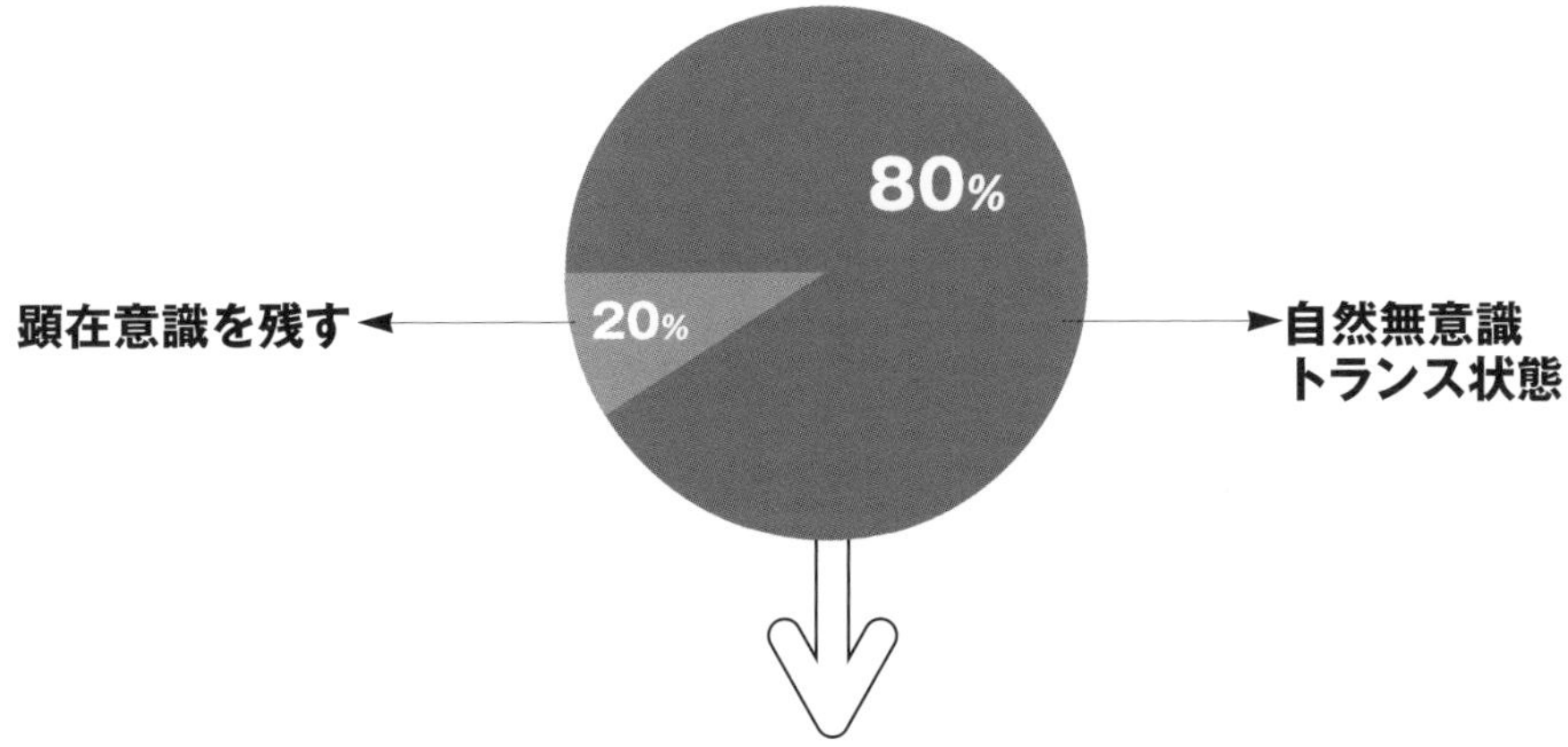

**法と理と文面と自己の霊感によって
完全に審神してから描写を完成!!**

守護霊と交信する——守護霊にお願いする場合①

守護霊の働きの強さは信じる度合いに比例する

守護霊が存在することがわかった。自分の守護霊の名前までわかった。さあ、いろいろと教えてもらい、大きく働いていただこう、と思ったものの、どうしたらいいのかさっぱりわからない。

「守護霊がわかったけれど、生活の中でどのように活かしたらいいのかわかりません」

という話をよく耳にする。そこで、守護霊との交信、交流の方法について説明しようと思う。

が、その前に一つだけ明確にしておきたいことがある。それは、霊界における存在とは、強く認識して肯定すればするほど強く出て、あやふやに思っているとあやふやにしか出てこないということである。つまり、守護霊の働きの強さは信じる度合いによって異なってくるというわけ。常にこのことを自覚していただきたいと思う。

威儀を正して心身共に新たにして行う

さて、守護霊との交信、交流であるが、まずは、自分から守護霊に発信するときの方法について述べよう。

発信といっても、別に機械を使って行うわけではない。自分の口と心で発信するのだが、最も大切なのは、具体的に声を出して言うことである。いつ、どこででも発信できるが、できるなら正座をして軽く目を閉じ、

「守護霊様、今、車の買い替えで悩んでおります。どの車を選んだらいいのでしょう」

など声に出して具体的に語るのが望ましい。心のなかで思っているだけでも通じないわけではないが、言霊として口に出して言えばより明確になる。

そして、ここ一番というような重大な相談事をお願いするときは、朝晩きちんと威儀を正して、心身共に新たにして行うことが大切である。これは現実界と同じこと。上司や先輩に重要なことをお願いするとき、ジーパンやサンダルがけで出かける人はいない。いわんや守護霊はもっと位の高い方なのである。威儀を正して正座をし、言葉を正して行うことが望ましい。

これを神道では「こと分けて申《もう》さく」という。「こと」は「言」であり「事」であって、

「具体的に、しかも威儀と言葉を正して申し上げる」という意味である。

このように、筋道を正してお願いすれば、

「そうか、わかった。望みをかなえてやろう」

ということになるはずである。

守護霊の働きの強さは信じる度合いに正比例

守護霊へ発信する方法

①口と心を用いて発信する
②具体的に声に出して言う
③正座をして軽く目を閉じる

重大な相談ごとの場合

①朝晩きちんと威儀を正す
②心身共に新たにする

守護霊と交信する——守護霊にお願いする場合②

お願いに答えてくれないのにはワケがある

なかには、威儀を正してお願いしても答えてくれない場合がある。それには、大きく分けて二つの理由が考えられる。まず、お願いそのものが天の法則、地の法則と照らし合わせて、どうしても受け入れられないようなものの場合である。

たとえば、宝くじや馬券が当たりますようにとか、あの憎らしい奴をこらしめてくださいというような願い事がそれ。守護霊といえども、人の道にはずれる願い事、我利我欲《がりがよく》から発した願い事は聞いてくれるはずがない。人としての御魂を向上させ、社会のために役立つべく大きな志を持ったときこそ、大きく働いてくださるのである。

「将来立派な医者になって、病気で悩む多くの人々を救いたいと思っています。どうか東大医学部に合格できるよう導いてください」

このような願いのときは大きく働いてくれる。

また、守護霊はなんでも〝俺が、俺が〟というような狭量の方ではないので、自分の力が足りないと判断した場合には、守護神の許可を得て応援を呼ぶか、必要とあらばひそかに交替する。応援を呼ぶということはつまり、背後霊を増やすことである。だから、志が大きければ大きいほど背後霊は多くなる。また、一生の間に守護霊は三回くらい交替する。大きな志を立てたときや、大学入学、就職、結婚など、人生の大きな節目のときに交替するのである。

我と慢心が出て感謝が足りないのもダメ!!

第二の理由は、我《が》と慢心《まんしん》が出て感謝が足りないことである。せっかく願い事を成就してあげたのに、ありがとうのひと言もない。なんでも自分の力でできたと思っている。これでは、積極的に働いてやろうという気にはならない。守護霊とて元は人間、その感情は私たちと同じである。

反対に、毎日毎日感謝していたら、うれしく思い、もっと働いてやろうという気持ちになるに違いない。だから毎日、床に入る前などに正座して、守護霊様に感謝の挨拶をしてから眠るようにしたいものである。

さらには、〝感謝の先取り〟という方法もある。これは、なんでもかんでも守護霊のお蔭だと先に感謝してしまう方法である。たとえば、体がクタクタに疲れて満員電車に乗っていたとき、目の前に座っていた人が、席を譲ってくれたとする。このとき、席を譲ってくれた人にお礼を言うのは当然だが、同時に、「ああ、守護霊様の導きだな。ありがとうございます」と感謝するのである。

これが、もし守護霊の導きでなかったら守護霊は、「私がやってもいないことをなんでも私のお蔭だと感謝されては、もっと守護しないわけにはいかない」と思うはずである。それで、帰りの電車では守護霊が進んで席をとって座らせてくれたりする。これが秘伝の〝守護霊追い込み秘法〟というもの。とにかく、守護霊に大きく働いてもらうコツは、何よりも感謝することにあるのである。

守護霊に大きく働いてもらうコツは感謝にあり

威儀を正してお願いしても答えてくれない場合

①人の道にはずれる願いごと
我利我欲から発した願いごと
「三〇〇〇万円の宝くじが当たりますように」
「当たり馬券を教えてください」
「あの憎らしい奴をこらしめてください」
など

②我と慢心が出て感謝が足りない場合
願いごとを成就しても、
「ありがとう」のひと言もない場合

→ 積極的に働いてあげようという気にならない

→ 感謝があれば

→ もっともっと働いてやろう!!

志が大きければ背後霊団が応援

「将来立派な医者になって、多くの人々を救いたいと思います。東大医学部に合格できるように導いてください」というような願い

→ 守護霊、大きく働いてくれる

→ しかし、自分の力が足りない場合は

→ 他の守護霊の応援を依頼

→ 背後霊を増やし、願いを成就!!

守護霊と交信する——守護霊からの交信をキャッチする方法

交信をキャッチする方法は直接、間接の二つ

守護霊からの交信をキャッチするには二つの方法がある。一つは直接内流というもので、もう一つは間接内流と呼ばれるものである。

まずは直接内流。これはひと口でいえば、霊感や直感、あるいは夢などを通じて、パッと教えられることである。夢に守護霊が現れて直接教えてくれるとか、突如として胸にひらめく、というのがこれ。

「夢にご先祖様が現れて……」

という話をよく耳にするが、これなど直接内流の代表的なものといえる。一般に直接内流は直感や霊感などの感性がすぐれた人に多く、まったく感じない人も珍しくない。

ボーッとしていては見過ごしてしまう間接内流

次に間接内流。これは、ある媒介を通して守護霊が間接的に交信を送ってくるもの。先程の例のように、適当な人の口を通して戒めを伝えるのもそうだし、たまたまテレビのチャンネルをひねったら、守護霊にお伺いを立てていたことの答えが返ってきたとか、本のページをめくっていたら、そのなかに答えが見つかった、などというのも間接内流である。

ある人が家具を買うとき、十万円のにしようか、それとも五十万円のにしようか迷っていた。どうしよう、どうしよう。そんな折、友人から電話があった。

「先日私、車を買い替えたんだけど、失敗しちゃったわ。知り合いが安く売ってくれるっていうんで、ついその話に乗っちゃったんだけど、ガソリンはくうわ、エンジンの音はうるさいわで、参っちゃった。修理に出したら、結局高くついちゃった。〝安物買いの銭失い〟って本当ね」

これで決心がついた。五十万円のを買おうっと。

こういうのが間接内流である。誰でも一度や二度は経験あると思うが、このとき、守護霊が教えてくれているんだと、いったい何人の人が思うであろう。一生懸命守り導いても感謝されるどころか、自分の存在に気づいてさえくれない。守護霊も寂しい思いをしていることだろう。もちろん、守護霊だから徳が高く、感謝してくれないからといって守護をやめたりはしないが、感謝すればするほど大きく働いてくれるのである。

また、この間接内流では、人の口を通したり、本やテレビやラジオで教えてくれたりと、ひとつの相談事について最低三回くらい教えてくれる。これを神道では「クシロをとる」ともいう。神意の証をとるのである。

しかし、この間接内流は本人がよほど意識していないと、見過ごしてしまう。ボーッとしていては、せっかくの守護霊からのメッセージもキャッチできなくなってしまうのだ。

絶えず守護霊に守られていることを強く信じ、人と話すとき、本を読むとき、守護霊からの声を聞くような心構えでいる必要があるのである。

このように守護霊との送信、受信の方法を知って、少しでも守護霊を活用してほしいというのがほかならぬ守護霊たちの願いなのである。

送信、受信の方法を知って守護霊を大いに活用しよう

交信をキャッチする二つの方法

①直接内流
＝
霊感、直感、夢などでパッと教えられる

②間接内流
＝
媒介を通して守護霊が間接的にやってくる

注意!!　間接内流は見過ごしがち

間接内流＝三回くらい教えてくれる
(人の口を通して、本で、テレビやラジオで)
神道では「クシロをとる」という

→ ボーッとしていると見過ごしてしまう → 交信失敗!!

→ 常に守護霊からの声を聞く心構えでいる → 守護霊からの大切なメッセージ → キャッチ!!

深見東州氏の活動についてのお問い合わせは、下記までお願いいたします。
また、無料パンフレット(郵送料も無料)が請求できます。ご利用ください。

お問い合わせ　フリーダイヤル
0120-50-7837

◎ワールドメイト総本部
〒410-2393
静岡県伊豆の国市立花3-162
TEL 0558-76-1060

東京本部	TEL 03-6861-3755
関西本部	TEL 0797-31-5662
札幌	TEL 011-864-9522
仙台	TEL 022-722-8671
千葉	TEL 043-201-6131
東京(新宿)	TEL 03-5321-6861
横浜	TEL 045-261-5440
名古屋	TEL 052-973-9078
岐阜	TEL 058-212-3061
大阪(心斎橋)	TEL 06-6241-8113
大阪(森の宮)	TEL 06-6966-9818
高松	TEL 087-831-4131
福岡	TEL 092-474-0208
熊本	TEL 096-213-3386

(平成27年1月現在)

◎ホームページ
http://www.worldmate.or.jp

携帯電話からの資料請求はこちら

深見東州（ふかみ とうしゅう）

本名、半田晴久。別名 戸渡阿見《ととあみ》。1951年生まれ。同志社大学経済学部卒業。武蔵野音楽大学特修科（マスタークラス）声楽専攻卒業。西オーストラリア州立エディスコーエン大学芸術学部大学院修了。創造芸術学修士（MA）。中国国立清華大学美術学院美術学学科博士課程修了。文学博士（Ph.D）。中国国立浙江大学大学院中文学部博士課程修了。文学博士（Ph.D）。カンボジア大学総長、政治学部教授。東南アジアテレビ局解説委員長、東南アジア英字新聞論説委員長。中国国立浙江工商大学日本文化研究所教授。有明教育芸術短期大学教授（声楽担当）。ジュリアード音楽院名誉人文学博士、オックスフォード大学名誉フェローなど。カンボジア王国政府顧問（首相と副首相に次ぐ、上級大臣）、ならびに首相顧問。在福岡カンボジア王国名誉領事。アジア・エコノミック・フォーラム ファウンダー（創始者）、議長。クリントン財団のパートナー。ネルソン・マンデラ・チルドレンズ・ファンドの名誉顧問。ならびに、ネルソン・マンデラ・チルドレン・ホスピタル総裁。オペラ・オーストラリア名誉総裁。世界宗教対話開発協会（WFDD）理事、アジア宗教対話開発協会（AFDD）会長。

中国国家一級声楽家、中国国家一級美術師、中国国家二級京劇俳優に認定。宝生流能楽師。社団法人能楽協会会員。IFAC・宝生東州会会主。「東京大薪能」主催者代表。戸渡阿見《ととあみ》オペラ団主宰。劇団・東州主宰。その他、茶道師範、華道師範、書道教授者。高校生国際美術展実行委員長。現代日本書家協会顧問。社団法人日本デザイン文化協会評議員。社団法人日本ペンクラブ会員。現代俳句協会会員。

カンボジア王国国王より、コマンドール友好勲章、ならびにロイヤル・モニサラポン大十字勲章受章。またカンボジア政府より、モニサラポン・テポドン最高勲章、ならびにソワタラ勲章大勲位受章。ラオス政府より開発勲章受章。中国合唱事業特別貢献賞。西オーストラリア州芸術文化功労賞受賞。西オーストラリア州州都パース市、及びスワン市の名誉市民（「the keys to the City of Perth」、「the keys to the City of Swan」）。紺綬褒章受章。

西洋と東洋のあらゆる音楽や舞台芸術に精通し、世界中で多くの作品を発表、「現代のルネッサンスマン」と海外のマスコミなどで評される。声明の大家（故）天納傳中大僧正に師事、天台座主（天台宗総本山、比叡山延暦寺住職）の許可のもと在家得度、法名「東州」。臨済宗東福寺派管長の（故）福島慶道師に認められ、居士名「大岳」。ワールドメイト・リーダー。172万部を突破した『強運』をはじめ、人生論、経営論、文化論、宗教論、書画集、俳句集、小説、詩集など、文庫本を入れると著作は280冊以上に及び、7カ国語に訳され出版されている。その他、ラジオ、TVのパーソナリティーとしても知られ、多くのレギュラー実績がある。 (150131)

図解「神界からの神通力」ノート（A5判）

平成22年6月16日　初版第1刷発行
平成27年4月15日　　第3刷発行

定価はカバーに記載してあります。

著　者　深見東州
発行人　杉田百帆
発行所　株式会社　たちばな出版
〒167-0053　東京都杉並区西荻南2-20-9　たちばな出版ビル
TEL　03-5941-2341（代）　FAX　03-5941-2348
ホームページ　http://www.tachibana-inc.co.jp/
印刷・製本　凸版印刷株式会社
ISBN978-4-8133-2340-2